**프로 직장인의 성장 시크릿**

# 프로 직장인의 성장 시크릿

삼성전자 / 스탠퍼드 출신이 전하는 성장공식 56

나용균 지음

## 추천사

나는 우리나라에서 가장 우수한 대학에서 학위과정을 했고, 가장 훌륭한 기업에서 30년 동안 직장 생활을 했다. 그 학교에서도 당시로서는 최고로 뛰어난 인재들이 몰려드는 학과에서 공부를 하였고, 그 기업에서도 가장 맨파워가 뛰어난 인력들을 모아놓은 브레인 탱크 집단에 있었기에 뭐라고 형언하기 어려울 정도로 똑똑한 사람들을 수없이 많이 보고 겪어 왔다. 지금 내 휴대폰 주소록에 저장된 2,000명 가까운 명단 중에 상당수는 그런 능력자들이다.

그런데 그 사람들 중에는 똑똑함에 추가로 현명함까지 갖춘 사람들이 있다. 그들을 보고 있자면 똑똑함은 공부를 해 가면서 점점 더 키워갈 수도 있는 능력인 것 같은데 반하여 현명함은 노력으로 갖출 수 있는 성질의 것이 아니라는 생각이 든다. 후배들 중에도 그 두 가지를 모두 갖춘 사람들이 더러 있어서 내가 그들의 나이일 때, 내가 그들의 직급일 때 나는 저렇게 훌륭하지 못했었음을 잘 아는 나로서는, 후배이지만 그들을 존경하고 후배이지만 그들을 닮고 싶어 했다.

그들 중에도 나용균 박사는 으뜸으로 꼽을 만큼 닮고 싶었던 사람이었다. 나뿐만이 아니었으리라. 당시 우리 조직의 천 명 정도의 구성원 모두가 나 박사를 차세대 리더로 가장 적합한 인물이라 생각하는 데 주저하지 않았다. 그러던 중, 우리 회사가 최전성기에 있을 시기에 돌연 나 박사는 오래전부터 뜻해온 바를 실천하기 위해서 이제는 회사를 떠나겠다는 뜻을 밝혔다. 충격을 받은 천 명의 조직원들 모두가 똑같이 우려한 것은 새로운 길로 떠나는 나 박사가 아니라 나 박사가 떠나고 남겨질 우리들이었다.

이제 와 생각해 보면 어쩌면 나 박사의 퇴사가 나에게 도움이 되었다고도 할 수 있을 것 같다. 이미 매너리즘에 빠져버렸을 나의 회사 생활에 엄청난 자극이 되었기도 하였고, 당장은 나 박사를 잃은 우리 조직이 버텨내도록 내가 두세 배의 노력을 할 수밖에 없었기 때문이다. 그리고 언젠가 내가 우리 회사를 떠나게 되었을 때, 나도 역시 떠나는 나 자신보다 내가 없이 남게 될 우리 조직이 우려된다고 하는 말을 듣겠다는 다짐을 하고 후배인 나 박사가 회사에서 하던 것을 흉내 내면서 나도 조금은 성숙해질 수 있었던 것 같다.

오랜 기간 동안 보고 듣고 겪어 왔었기에 나 박사가 어떻게 그렇게 성장해 왔는지를 알고 있었지만, 오랜만에 만난 나 박사가 내게 전해준 프로 직장인들의 성장 시크릿의 원고를 보고는, 나 박사가 그만큼의 역량을 쌓아온 과정을, 혹은 비법을 새삼 확인할 수 있었다. 비단 같은 조직에 있었기에 공감할 수 있는 부분을 넘어서, 이와 같은 내용들이라면 기업의 직장인이 아닌 어떠한 조직의 어떠한 구성원이라도 칭송받을 수 있는 워너비 롤 모델이 될 수 있지 않을까 하는 생각을 해본다. 더욱이 책의 내용에는 챕터별로 간결하고 명확하게 씌어 있으면서도 마지막에 실천 방안이 따로 정리되어 있어서 그중 한두 개씩이라도 염두에 두고 실천을 하려고 든다면 어느 순간 업무에서의 똑똑함과 조직을 이끌고 조율하는 현명함을 다 갖추는 나를 발견할 수 있게 될 것 같다.

책을 읽어 보면서 들은 생각은 나 박사가 퇴사하고 새로운 일을 준비하고 도전하는 과정에서 스스로를 정리하기도 하면서, 그가 사랑하는 후배들의 성장을 위해 도저히 참지 못하고 비법을 정리해 놓은 비서(秘書)와 같은 느낌이 든다. 본 책의 3장과 4장에서 나오는 것처럼 정말 신뢰할 수 있는 후배를 둔 선배들의 행복감과 믿고 따를 수 있는 거인과 같은 선배를 둔 후배들의 든든함은 말이나 글로는 표현하기 어렵다. 나 박사가 전해주는 비법을 따라서 선배들에게는 편안함을, 후배들에게는 안정감을 줄 수 있는 프로 직장인으로 나를 변화시켜 나가 보는 것은 어떨까?

전 삼성전자/전기 상무/부사장, 현 AP시스템 대표이사 유호선

나용균 박사는 기술과 경영, 그리고 사람에 대한 깊은 통찰을 겸비한 진정성 있는 리더입니다. 삼성전자와 글로벌 현장에서 축적한 그의 경험은 단순한 이론을 넘어, 현실에서 검증된 실천의 지혜로 가득 차 있습니다.

이 책은 직장 생활을 하며 누구나 겪게 되는 고민과 성장의 과정들을, 실제 사례와 함께 따뜻하고도 현실적으로 풀어냈습니다. 단지 '이렇게 하라'는 조언이 아니라, 어떻게 실천하고 변화시킬 수 있을지를 독자가 직접 느끼고 적용할 수 있도록 돕는 점이 인상적입니다. 특히 각 장 끝의 실천 방안은 후배 직장인들에게 바로 행동할 수 있는 나침반이 되어 줄 것입니다.

진정성 있는 경험과 깊은 성찰이 담긴 이 책은, 성장의 길목에 선 모든 직장인들에게 꼭 필요한 동반자가 되어줄 것이라 확신하며, 자신 있게 추천합니다.

전 삼성전자 사장, 현 SaGA 일터선교 아카데미 학장 이돈주

이 책은 단순히 이론적인 지식을 전달하는 데 그치지 않습니다. 급변하는 환경 속에서 실제적인 문제 해결 능력을 키우고, 직장인의 성장과 자기 발전을 도모하는 데 초점을 맞추고 있습니다. 특히, 세계 최고 수준의 반도체 기업과 국내 유수의 조직에서 쌓은 저자의 생생한 경험을 바탕으로, 다양한 업무 현장에서 겪을 수 있는 고민과 도전에 대한 실질적인 통찰을 제시합니다.

이 책은 독자들이 변화의 흐름을 읽고, 사고방식을 혁신하며, 조직과 개인 모두에게 긍정적인 행동 변화를 이끌어낼 수 있도록 안내합니다. 후배들을 향한 진심을 담아 쓴 이 책은 성장을 고민하는 모든 직장인들에게 꼭 필요한 지침서

입니다.

  나용균 박사는 제가 오랜 시간 지켜봐 온 신뢰할 수 있는 리더로, 늘 사람과 조직의 성장을 함께 고민해온 후배입니다. 이 책을 통해 더 많은 분들이 그 혜안을 나눌 수 있기를 기대합니다.

전 삼성전자 부사장, 전 세메스 대표이사 김용식

  우리는 직장에서 매일 크고 작은 순간마다 치열하게 고민하고, 문제를 해결해 나갑니다. 이 책은 그런 치열한 현장에서 출발해, 스탠퍼드에서 5년간 박사학위 양성과정을 마치고 저와 오랜 시간 함께했던 후배의 진정성 있는 성장 스토리를 담고 있습니다.

  성공의 본질을 꿰뚫는 통찰과, 실제 현장에서 체득한 깊이 있는 인사이트가 어우러져, 실무자와 리더 모두에게 현실적인 길잡이를 제시합니다. 실행력과 고민이 교차하는 직장인의 삶 속에서, 스스로 성장하고자 하는 모든 이들에게 이 책을 권합니다.

전 삼성전자 부사장, 현 그래비티벤쳐스 부사장 김창한

  책을 읽다 보면, 마치 선배가 곁에 앉아 진심 어린 목소리로 "함께 성공하자"라고 이야기해 주는 느낌을 받게 됩니다. 함께 일하며 지켜본 선배는 늘 현장에서 치열하게 고민하고 실천해 온 사람이며, 그 진정성이 책 전반에 고스란히 담겨 있습니다.

  성공이란 단순한 성과가 아니라, 태도와 가치관, 그리고 동료들과의 관계 속에서 만들어진다는 통찰은 지금을 살아가는 직장인들에게 깊은 울림을 줍니다. 또한 '프로 직장인'으로서 꼭 갖춰야 할 태도와 역량, 그리고 리더십과 팔로워십의 균형에 대해 돌아보게 합니다.

  이 책은 묵묵히 자신의 자리에서 성장하고자 애쓰는 이들에게 용기와 방향을 제시해 줄 뿐 아니라, 책장을 넘길수록 자신이 '진짜 프로페셔널'이 되어가고 있음을 자연스럽게 느끼게 될 것입니다.

삼성전자 후배 박상현

직장 생활을 하면서 우리는 다양한 사람을 만나고, 그 관계 속에서 배우며 성장합니다. 저 역시 새로운 부서에서 어려움을 겪던 시절, 저자이신 선배님의 도움 덕분에 적응할 수 있었습니다. 단순한 조언이 아니라 진심 어린 관심과 격려 덕분에 저는 다시 일어설 수 있었고, 그 과정이 이 책에 한 에피소드로 담겼다는 사실이 참 감사했습니다.

이 책은 단순한 성공 전략을 나열한 것이 아닙니다. 실제 직장 생활 속에서 부딪히고 깨달은 성장의 원칙을 선배만의 진정성 있는 시선으로 풀어낸 책입니다. 특히 어려운 순간에도 솔직함을 잃지 않고 도전했던 경험들이 많은 분들께 깊은 공감을 불러일으킬 것입니다.

성장을 고민하는 모든 직장인들에게 이 책을 추천합니다. 이 책을 통해 위로와 용기를 얻는 분들이 많아지길 바랍니다.

삼성전자 후배 임태웅

선배님과 함께 일하던 시절, 늘 느꼈던 건 "일에 진심이다"라는 점이었습니다. 그때는 미처 알지 못했던 선배님의 생각과 기준, 그리고 깊은 고민의 결을 이 책을 통해 처음으로 제대로 들여다볼 수 있었습니다.

이 책은 단순한 조언집이 아니라, 선배님이 삶과 일 속에서 부딪히며 정리해 온 진정성 있는 기록입니다. 함께했던 독일 출장지에서의 열정적인 모습과, 후배들의 성장을 위해 기꺼이 멘토링을 해주던 장면들이 책 곳곳에 담겨 있어 읽는 내내 마음이 묵직해졌습니다. 지금 일과 삶 사이에서 방향을 찾고 있는 후배들이 있다면, 저는 주저 없이 이 책을 권하고 싶습니다.

삼성전자 후배 고원엽

선배님과 함께했던 시간은 제 인생에서 가장 보람차고, 가장 크게 성장했던 순간이었습니다. 성공하는 직장인은 결코 우연히 탄생하지 않습니다. 이 책은 '무엇을 해야 하는가'를 넘어, '어떻게 행동해야 하는가'를 명확히 제시합니다. 함께 일하며 직접 경험한 선배님의 깊은 통찰과 글로벌 경험이 책 전반에 녹아 있어, 페이지를 넘길 때마다 마치 1:1 커리어 멘토링을 받는 듯한 특별한 경험을 선사합니다.

이 책을 통해 독자들은 진정한 성장의 순간, '줄탁동시'의 의미를 온전히 체감하게 될 것입니다.

삼성전자 후배 김태현

어린아이가 성장기를 거치며 어른이 되어가듯, 우리는 직장 안에서도 또 다른 형태의 성장을 경험합니다. 저 또한 함께 일하며 많은 것을 배운 선배의 모습을 통해, 일과 사람에 대한 깊이를 다시금 깨닫게 되었습니다. 이 책은 그런 선배의 고민과 경험이 고스란히 담긴, 후배들에게 전하고 싶은 진심 어린 응원과 격려의 메시지입니다.

후배가 선배가 되고, 다시 그 후배를 이끄는 성장의 릴레이 속에서, 오늘도 고군분투하는 이들에게 꼭 필요한 동반자가 되어 줄 것입니다. 아끼는 후배에게만 알려주고 싶은 성공의 성장 방정식. 막 사회에 첫발을 내딛는 이들이 이 책을 통해 폭풍과 같은 성장을 이뤄내길 기대합니다.

존경을 가득 담아, 삼성전자/씨젠 후배 육남수

저자는 늘 신뢰에 기반한 인간관계를 중요하게 생각했고 구성원들과 원활한 소통으로 쌓은 신뢰를 바탕으로 '기능적 원팀'을 강조했습니다. 상대방의 입장에서 고민을 통해 끈끈해진 조직력이 명확하고 간결한 방향성과 만나 시너지 효과가 나는 모습을 직접 목격할 수 있었습니다.

구성원들이 각자의 역할을 이해하고 발전하여 공동의 목표를 향해 나아갈 수 있도록 이끌어주신 선배의 경험과 지혜가 고스란히 담긴 이 책을 통해 성장의 여정을 시작하길 추천합니다.

씨젠 후배 이재화

나용균 선배님은 단순히 '존경받는 상사'를 넘어, 매 순간 열정으로 무장한 리더십과 후배의 성장을 위해 기꺼이 헌신하는 멘토십으로 우리에게 깊은 울림을 주셨습니다. 이 책에는 커리어 성장에 있어 중요한 요소들부터 조직 속에서 나만의 가치를 빛내는 법까지, 선배님의 경력이 압축된 인사이트가 생생하게 담겼습니다.

책을 펼치는 순간, '진정한 프로페셔널'이란 무엇인지 선배님의 목소리로 직접 전해 듣는 듯한 같은 현실감이 느껴집니다. 특히 '마음을 관리하는 법', '선배들이 신뢰하는 후배가 되는 법' 등은 단순한 조언이 아닌, 수많은 시행착오 끝에 얻은 살아 있는 지혜입니다.

이 책을 덮은 지금, 과거의 나를 돌아보고 미래의 나를 설계할 용기가 생깁니다. 단 한 번의 인생, '의미 있는 성장'을 추구하는 사람이라면 누구나 마주해야 할 질문과 해답이 이 안에 있습니다. 커리어의 빛을 더욱 견고하게 하고 싶은 분들께, 두 손으로 들고 전하고 싶은 책입니다. 저자의 가르침이 당신의 다음 도약을 위한 가장 확실한 발판이 되어줄 것이라 확신합니다.

항상 선배님의 등을 좇는, 씨젠 후배, 현 두산로보틱스 원유재

## 머리말

그동안 회사생활을 하며 직장인의 태도, 역량, 마음가짐에 대해 느낀 노하우를 틈틈이 기록하고, 후배들에게 조언해 왔습니다. 그러면서 막연히 언젠가 이런 내용을 책으로 엮으면 좋겠다는 생각을 품었습니다. 이후 주변에 책을 쓰고 싶다는 이야기를 공공연히 나누며 스스로에게 책임감을 부여했고, 그렇게 던진 말의 무게가 저를 이끌어 마침내 이 책을 세상에 내놓게 되었습니다.

저는 막대한 부를 이룬 사람도, 거창한 성공 스토리를 가진 사람도 아닙니다. 그리고 세상에는 저마다의 철학과 다양한 경험, 뛰어난 역량을 가진 사람이 많다는 사실도 잘 알고 있습니다. 하지만 그것이 제가 이 책을 쓰는 데 망설일 이유가 되지는 않았습니다.

이 책을 쓰기로 한 이유는 단순합니다. 제 경험과 통찰이 누군가에게 작은 변화의 씨앗이 되고, 나아가 인생의 중요한 전환점이 될 수 있다면, 그 자체로 충분한 가치가 있다고 믿기 때문입니다. 저는 화려한 성공담이 아니라, 직장이라는 무대에서 누구나 겪는 성장의 고민과 도전에 대해, 제가 직접 경험하거나 배운 지혜를 진솔하게 나누고자 합니다. 이 책이 여러분에게도 선한 영향력이 되어, 더 나은 방향으로 나아가는 데 작은 길잡이가 되길 바랍니다.

이 책은 크게 다섯 파트로 구성되어 있습니다. 직장 생활에서 필요한 업무 태도, 업무 역량, 팔로워십, 리더십, 그리고 마음 관리라는 5가지 핵심 프레임을 다룹니다.

　각 파트는 제가 직접 경험하며 배우고 느낀 사례들을 중심으로 정리했습니다. 단순히 '이렇게 해야 한다.'는 조언이 아니라, 구체적인 사례와 연결해 독자들이 쉽게 이해하고 자신의 상황에 맞게 적용할 수 있도록 구성했습니다. 또한, 각 주제별로 실천 방안 3가지를 제시하여 단순한 읽을거리가 아닌, 실제 행동으로 이어질 수 있는 책이 되도록 했습니다.

　파트 마지막 장에는 핵심 내용을 한눈에 볼 수 있도록 요약 페이지를 포함하여 전체적인 흐름을 다시 복습할 수 있도록 정리했습니다. 독서 과정에서 꼭 참고해 주시면 좋겠습니다.

　저 역시 많은 책을 읽고 삶에서 실천하며 가치관, 태도, 그리고 열정에 큰 변화를 경험했습니다. 이 책이 여러분에게도 작은 변화의 시작이 되어, 인생을 더 나은 방향으로 이끄는 데 보탬이 되기를 간절히 바랍니다.

　이 책을 집필하는 과정에서 많은 추억과 영감을 얻었습니다. 모든 상황을 가능하게 해 주신 하나님께 감사와 영광을 올려드립니다. 또한, 늘 저를 믿고 기도와 응원으로 함께해 준 사랑하는 아내 영주에게 깊은 감사의 마음을 전합니다. 미국에서 자신의 꿈을 향해 나아가는 딸 우주와, 밝고 씩씩하게 성장하고 있는 아들 태양에게도, 언젠가 이 책이 그들의 삶에 작지만 소중한 도움이 되기를 진심으로 바랍니다.

　20년간 함께하며 저를 성장시켜 준 삼성전자에도 진심으로 감사를 전합니다. 그곳에서 얻은 경험과 배움은 제 삶의 방향과 철학을 정립하는 데 중요한 밑거름이 되었습니다. 또한, 저를 임원으로 영입하고 많은 기회를 제공해 주신 씨젠의 천종윤 대표님께도 깊이 감사드립니다. 저의 비전과 선택을 이해하고 진심으로 응원해 주신 그 마음은 저에게 큰 힘이 되었습니다. 마지막으로 인생의 멘토이자, 늘 앞서 길을 보여주시는 존경하는 선배 유호선 대표님께도 깊은 감사를 드립니다. 앞으로 대표님과 함께 할 여정은 제게 또 하나의 소중한 배움이자, 새로운 도전의 시간이 될 것이라 기대합니다.

앞으로 이 책의 연장선에서, 독자 여러분의 경험과 실천 사례를 바탕으로 한 사례집을 기획할 예정입니다. 관심 있는 분들은 아래 이메일로 여러분의 소중한 경험을 공유해 주시면 감사하겠습니다. 또한, 독자들과의 더 활발한 소통을 위해 유튜브 채널을 운영할 계획입니다. 궁금한 사항은 언제든 이메일로 의견 남겨 주시면 소중히 듣고 답변드리겠습니다.

이 책이 여러분의 직장 생활에 성장의 동력과 영감을 제공하고, 실천을 통해 삶에 의미 있는 변화를 가져오기를 진심으로 기원합니다.

2025년 6월
나용균

네이버 카페 : https://cafe.naver.com/prosenbrix
유튜브 채널 : https://www.youtube.com/@pro_senbrix
이메일 : prosenbrix@gmail.com

# Contents

추천사     4
머리말     11

## Part 1 업무 태도를 보면 미래가 보인다     19

01 첫 번째 미션에 최선을 다하자     20
02 원하는 꿈을 적극적으로 알려라     24
03 지시한 내용에 항상 +α를 해라     28
04 방법을 찾는 자 vs 변명을 찾는 자     32
05 인생에 찾아오는 세 번의 기회를 놓치지 마라     36
06 작은 일에도 정성을 다하자     40
07 실력보다는 성실함이 먼저다     44
08 스마트한 성실함이 중요하다     48
09 모든 사람에게는 배울 점이 있다     52
10 최고 의사결정권자라고 생각하라     56

## Part 2 고수로 가는 업무 역량 쌓기     63

01 성공하는 사람의 3가지 조건     64
02 먼저 한 분야에서 정상에 서라     68

| | |
|---|---|
| 03 모르면 후배 사원도 사수로 모셔라 | 72 |
| 04 계획을 세우고 실행할 수 있는 툴을 익혀라 | 75 |
| 05 영어회화만큼은 꾸준히 해라 | 79 |
| 06 네트워킹은 진심으로 다가가라 | 83 |
| 07 반도체인의 신조에서 배워라 | 86 |
| 08 다양한 멘토에게서 배워라 | 91 |
| 09 7가지 보고의 원칙 by 남충희 | 95 |
| 10 일생에 한번은 고수를 만나라 by 한근태 | 99 |

## Part 3 선배들이 신뢰하는 후배가 돼라   105

| | |
|---|---|
| 01 상사의 마음을 읽고 움직여라 | 106 |
| 02 열 번 찍어 안 넘어가면, 넘어갈 때까지 | 109 |
| 03 평범한 일도 내가 하면 다르게 | 112 |
| 04 상사가 일을 맡기면 안심하는 사람이 돼라 | 115 |
| 05 상사가 고민하는 걸 함께 고민해 줘라 | 118 |
| 06 중간 진행 상황을 공유해라 | 121 |
| 07 상사가 해야 할 일을 만들어 줘라 | 124 |
| 08 업무 외적인 측면에서 조언을 구하라 | 127 |
| 09 주변에서 일어나는 이야기를 들려줘라 | 131 |

10 상사가 모르는 정보를 전달하라 134
11 상사는 당신이 뭘 하는지 다 알고 있다 137

## Part 4 거인의 어깨 위에서 배운 리더십  141

01 우뇌형 상사에게 더 끌린다 142
02 기술·운영·문화로 프레이밍하라 146
03 때로는 호통과 유머도 필요하다 149
04 환경과 문화와 업무 방식을 바꿔라 152
05 지원 조직의 중요성을 인식해라 155
06 일단 믿었으면 끝까지 신임해라 159
07 장기적 안목으로 조직의 R&R을 그려라 162
08 제약 없는 큰 그림을 먼저 그려라 165
09 회사의 생존을 좌우하는 선택에 집중하라 168
10 Shift Left + Aim High 하라 171
11 실험실(현장) 문화를 활성화하라 174
12 메시지 전달은 100번 넘게 177
13 불필요한 문서 작성을 없애라 180
14 극진함으로 상대방을 감동시켜라 183

## Part 5 시간이 갈수록 마음 관리  189

01 힘들고 지칠 때 This shall pass away 190
02 스스로 외로운 리더가 되지 마라 193

| | |
|---|---|
| 03 소통의 시작, 일대일 티타임 | 196 |
| 04 자신감을 키우는 작은 도전들 | 199 |
| 05 하루 30분, 나를 위한 시간 | 202 |
| 06 마음챙김, 작은 쉼의 힘 | 205 |
| 07 실수는 빨리 잊고, 아름답게 포장하라 | 208 |
| 08 나만의 루틴을 만들어라 | 211 |
| 09 당신 곁의 가장 든든한 힘, 가족 | 214 |
| 10 결국은 진심과 진정성이다 | 217 |
| 11 나는 지금 행복한가? | 220 |

## 작가 인터뷰     **225**

## Part 1

# 업무 태도를 보면 미래가 보인다

# 01
# 첫 번째 미션에 최선을 다하자

#열정 #최선 #정성

첫 직장이든 새로운 직장이든, 혹은 새로운 조직에 합류했든, 가장 중요한 것은 바로 **처음으로 주어진 미션에 최선을 다하는 것**이다. 이 첫 미션은 단순한 업무 그 이상이다. **당신의 역량과 태도를 평가받는 중요한 기회**다. 종종 사람들은 '처음이니까 실수해도 괜찮을 거야.' '이 정도는 이해해 주겠지.'라는 안일한 생각을 갖고 업무를 시작하지만, 이는 매우 위험한 태도다. 첫 미션을 수행한 결과는 그 사람의 능력을 처음으로 평가하는 중요한 기준이 되며, 이 평가는 절대 쉽게 바뀌지 않는다. 이를 반드시 기억하자.

첫인상은 생각보다 강력하고 오래간다. 특히 업무 환경에서의 첫인상은 단순한 외모나 말투가 아니라, 업무 처리 방식과 성과로 기억에 남는다. 첫 미션에서 기대 이하의 결과를 내거나 실수나 미숙함을 보여 주는 순간, 그 사람에 대한 신뢰는 금세 무너진다. 그리고 그 부정적인 이미지를 바로잡는 데는 처음보다 몇 배나 더 많은 노력이 필요하다. 이후 아무리 좋은 성과를 내도 처음에 남긴 부정적인 인상 때문에 '운이 좋았을 뿐'이라는 평가를 받을 위험이 있다.

반면 첫 미션에서 기대 이상의 성과를 내고, 성실한 태도로 업무에 임한 사람은 상사를 포함한 주변 사람들에게 신뢰받으며 긍정적인 인식을 얻게 된다. 이후에 실수나 어려움이 있더라도 그 사람의 역량이 부족하다고 보기보다는, 단순히 상황이 나빴거나 피치 못할 실수였다고 받아들여지는 경우가 많다. 따라서 첫 미션을 어떻게 수행하느냐가 당신의 향후 커리어에 큰 영향을 미친다는 점을 간과해서는 안 된다.

내가 처음 회사에 입사했을 때 맡았던 첫 업무는 반도체 공장의 자동화 SW 개발이었다. 당시 나는 시스템 간 인터페이스 모듈 개발을 담당하게 되었고, 이 작업은 국제 표준 인터페이스 규약을 따라 코딩해야 하는 중요한 일이었다. 처음에는 이 규약이 낯설고 복잡해서 어려움을 느꼈다. 새로운 용어와 개념이 많아 쉽게 이해되지 않았고, 그 때문에 선배들에게 질문도 자주했다. 하지만 나는 쉽게 포기하지 않고, 규약집을 프린트해서 한 페이지 한 페이지 꼼꼼하게 읽고, 모르는 부분이 있으면 다시 반복해서 읽는 과정을 거쳤다. 시간이 지나 프린트한 규약집이 고서처럼 너덜너덜해질 지경이 되어서야 규약에 대한 이해가 깊어졌다.

이런 충분한 이해를 바탕으로 코딩을 시작했고, 나는 시스템을 미리 시뮬레이션해 볼 수 있는 도구(Simulator)를 만들어서 테스트를 진행했다. 이 과정을 통해 코드의 오류를 찾아내고 디버깅하면서, 실제 다른 팀원들과 통합 테스트를 진행할 때 큰 문제가 발생하지 않도록 철저하게 준비했다. 이러한 사전 준비와 노력 덕분에 첫 미션을 성공적으로 완수할 수 있었고, 그 결과 나는 팀 안에서 신뢰를 얻었다. 이후 다른 프로젝트에서도 자연스럽게 인터페이스 모듈 구현은 내 담당이 되었고, 다양한 프로젝트에서 경험을 쌓으면서 자신감도 함께 커졌다. 이 경험은 내가 회사 생활을 시작하는 데 큰 초석이 되었고, 첫 1년 동안 쌓은 성과와 평판은 앞으로 몇 년간의 내 커리어에 중요한 기반이 되었다.

내가 존경하는 사장님 중 한 분이 첫인상에 관해 해 주신 말씀이 기억에 남는다. **"You don't have a second chance for your first impression."** 첫인상을 다시 만들 기회는 없다는 뜻이다. 이 말은 업무 환경에서도 똑같이 적용된다. 첫 미션에서 최선을 다하지 못하면, 두 번째 기회는 오지 않을 수도 있고, 설령 주어진다 해도 이를 만회하기 위해 훨씬 더 많은 노력이 필요할 수 있다. 반면, 첫 미션에서 좋은 성과를 낸 사람은 더 많은 기회를 얻게 되고, 이를 발판 삼아 커리어가 자연스럽게 발전한다.

이처럼 처음 맡은 일을 소홀히 하지 않고, 모든 역량을 쏟아부어 최선을 다한다면 당신에 대한 신뢰와 평판은 단단하게 쌓일 것이다. **첫 미션은 단순한 과제가 아니라, 앞으로의 커리어와 성공을 위한 중요한 초석이라는 사실을 잊지 않길 바란다.**

## ✓ 실천 방안

1. **처음 맡은 일은 모든 역량을 쏟아부어 최선을 다하기.** 시간과 노력을 들여 더 큰 신뢰를 얻을 수 있는 기회로 만들어 보자.

2. **동료나 상사에게 적극적으로 피드백 구하기.** 업무에 대한 적극적이고 열정적인 모습은 동료와 상사에게 좋은 인상을 심어줄 것이다.

3. **맡은 업무에서 팀 내 최고가 되는 목표 세우기.** 목표를 달성하는 과정에서 자연스럽게 본인의 성장과 동료의 신뢰를 얻게 될 것이다.

## 02
# 원하는 꿈을 적극적으로 알려라

**#열정 #꿈 #적극성 #간절함**

후배들과의 면담에서 자주 강조하는 조언 중 하나는 **자신이 하고자 하는 일, 그리고 되고자 하는 목표를 주변에 적극적으로 말하라**는 것이다. 이 간단한 행동이 얼마나 큰 영향을 미칠 수 있는지 종종 간과되곤 한다. 목표를 말로 표현하는 것에는 2가지 강력한 힘이 있다. 첫째, 스스로에게 동기를 부여해 더욱 열심히 하게 만든다. 둘째, 그 이야기를 들은 주변 사람들이 자연스럽게 그 목표를 이룰 수 있도록 도와주거나 기회를 찾아줄 수 있다. 이는 단순한 말로 끝나는 것이 아니라, 실제로 행동과 결과로 이어질 수 있는 강력한 도구다.

내가 S전자에 입사해 큰 기회를 얻게 된 것도 바로 이 조언을 실천했기 때문이다. 그 기회는 바로 스탠퍼드로 박사학위 학술연수를 가는 것이었다. 이는 내가 끊임없이 내 목표를 말해 왔기 때문에 얻을 수 있었던 기회라고 생각한다.

나는 2001년에 석사과정을 마치고 병역특례(전문연구요원)로 S전자에 입사했다. 입사 당시부터 나는 특례 기간이 끝나면 반드시 유학을 가겠다고 다짐했다. 그리고 이 다짐을 마음속에만 간직한 것이 아니다. 입사 초기부터 꾸준히 새벽반 영어 학원을 다니며 유학 준비를 병행했다. 더 나아가, 기회가 있을 때마다 "특례가 끝나면 유학을 갈 계획이다."라고 주변 사람들에게 말하고 다녔다. 이 과정에서 자연스럽게 회사 내의 해외 학술연수 프로그램을 알게 되었고, 그때부터는 이 프로그램을 통해 유학을 갈 수 있는 기회를 찾기 시작했다.

우선 해당 프로그램에 선발이 되려면, 업무에서도 뛰어난 성과를 내야 했다. 입사 이후 고과 평가 결과도 우수해야 했고 무엇보다 상사의 추천도 필요했다. 주로 병역특례를 마친 우수 인력들이 많이 지원하기 때문에 분야별 경쟁도 고려해야 하고, 면접이나 영어 성적도 물론 중요했다.

이미 선발되어 파견을 나간 선배들에게 노하우를 전해 듣기도 하고, 유학을 준비하면서도 업무에도 최선을 다해 좋은 평가를 받기 위해 정말 열심히 노력했다.

상사와의 면담이나 동료들과의 대화에서도, "왜 영어를 공부하느냐?"는 질문을 받을 때마다 항상 "특례가 끝나던 해외로 학술파견을 가고 싶다."고 말하며 내 목표를 꾸준히 알렸다. 그리고 이렇게 말할수록 나 자신에게도 그 목표가 더욱 현실적으로 다가왔고, 더 열심히 준비하게 되었다.

그러던 중 우연히 인사부서 담당자와 이야기를 나누게 되었는

데, 내가 속한 연구소에는 당시 해외 학술연수 T/O가 없다는 사실을 알게 되었다. 여러 이유로 기회가 중단된 상황이었지만, 나는 여전히 그 기회가 다시 열리기를 기대하고 있었다. 그래서 T/O가 생기면 학술연수 프로그램에 지원하고 싶다는 의사를 분명히 전했다. 이후에도 나는 그 희망을 놓지 않고, 주변 동료들과 상사에게 꾸준히 이야기하며 준비를 이어 갔다.

특례 기간이 끝나갈 무렵, 나는 선배들과 그룹장에게도 해외 학술연수 T/O가 생기면 꼭 도전해 보고 싶다는 내 목표를 다시 이야기하며, 만약 기회가 없다면 개인적으로 유학을 준비할 계획도 고려하고 있다고 자연스럽게 전했다. 그러던 어느 날, 그룹장이 내가 해외 학술연수 후보로 추천되었다며 지원할 의향이 있는지 물어보았다. 놀랍게도 그해 해외 학술연수 T/O가 다시 운영되기 시작한 것이다. 나중에 알게 된 바에 따르면, 내 학술연수에 대한 관심이 자연스럽게 인사부서를 포함한 관련자 분들에게 전달되었고, 그 과정에서 기회가 다시 열리면서 내가 후보로 추천될 수 있었던 것이다. 그룹장은 "꾸준히 학술연수에 대한 열정을 보여 왔기 때문에, 추천 후보로 거론되었을 때 지나칠 수 없었다."고 이야기해 주었다.

이 경험을 통해 나는 한 가지 중요한 사실을 깨달았다. **목표를 말로 표현하면, 스스로도 더 열심히 준비하게 될 뿐만 아니라, 우연한 기회에 목표를 이루도록 사람들의 도움을 받을 수 있다**는 것이다. 목표를 꾸준히 이야기하지 않았다면, 그 기회는 결코 내게 오지 않았을 것이다. 하지만 내가 하고자 하는 바를 명확히 말하고 다니면서, 주변에서 나를 기억해 주고 도와주었으며, 결국 그 목표가 실현되었다.

이제는 여러분에게 권하고 싶다. 오늘 당장 자신이 하고 싶은 일이나 바라는 목표를 적어 보고, 그 목표를 이루기 위해 필요한 것들을 하나씩 실천해 나가자. 그리고 주저하지 말고 그 목표를 주변에 알려 보자. 생각보다 많은 사람이 당신을 돕기 위해 기꺼이 손을 내밀 것이며, 그 작은 시작이 미래에 큰 기회를 가져다줄 것이다.

 **실천 방안**

1. **회사에서 이루고 싶은 목표를 적어 보기.** 양성 프로그램, 해외 주재원, 관련 자격증 취득, 임원 승진, 부서 이동 등 본인이 회사에서 원하는 목표 3가지를 적어보자.

2. **목표한 바를 위해 내가 준비할 것 확인하기.** 기회는 준비하는 자에게 오는 법, 목표를 이루기 위해 장기적으로 준비가 필요한 것들을 꾸준히 실천해 나가자. 예를 들어 해외 주재원이라면 외국어 공부, 자격증 취득이라면 필요한 학원을 등록하고 준비해 나가자.

3. **주변 사람들에게 목표 이야기하기.** 동료와 상사에게 진정성 있게 본인의 목표를 이야기해 보자. 목표를 말하는 것만으로도 스스로 동기부여가 되고 주변의 지원을 받게 될 것이다.

# 03

# 지시한 내용에 항상 +α를 해라

#최선 #정성 #몰입

S전자에서 근무할 당시, 내가 평소에 존경하던 임원 분이 있었다. 그분은 인사 업무로 경력을 시작해 해외에서 주재원 생활을 하고, 복귀 후 인사/기획팀장, 투자팀장, 그리고 대관업무까지 다양한 분야에서 역할을 맡아 오신 분이었다. 그분이 특별히 기억에 남는 이유는 매우 뛰어난 관계형 리더십을 발휘했기 때문이다. 유관 조직장, 상사, 후배들과 늘 관계가 원활했다. 사람과의 관계에 기반을 둔 리더십을 중요하게 여겼기 때문이리라.

어느 날 그분과 이야기할 기회가 생겨서, 나는 궁금했던 질문을 던졌다. 어떻게 그렇게 다양한 분야에서 중요한 역할을 맡게 되었는지, 그 자리까지 어떻게 일해 오셨는지. 대답은 놀랄 만큼 간단하고 명료했다. "항상 상사가 지시한 일에 +α를 해라. 상사가 기대한 것이상으로 고민하고, 더 나은 결과를 가져가라."는 것이었다.

말은 참 단순해 보이지만 실제로 이를 꾸준히 실천하는 일은 절대 쉽지 않다. 상사가 지시한 일을 완수하는 것만으로도 벅차니, 거기에 추가로 더 많은 일을 해낸다는 것이 무리처럼 느껴질 수도 있다. 하지만 20년간 S전자에서 근무하면서, 나는 이 단순한 진리를 충실히 지킨 사람들이 결국 성장하고, 리더로 발돋움하는 경우를 많이 보았다.

실제로 업무에 +α를 하겠다는 마음가짐으로 임하는 것에는 2가지 큰 장점이 있다. **첫째, 주어진 업무를 더 깊이 고민하고 그에 몰입하게 되면서, 자연스럽게 더 많은 것을 배우며 성장 속도가 빨라진다.** 즉, 러닝 커브(learning curve)가 크게 가속화되는 것이다. **둘째, 상사의 신뢰를 얻게 되어 이후의 업무에서 더 많은 기회를 얻을 수 있다.** 신뢰는 단지 맡은 업무만 잘 해내는 것이 아니라, 그 이상을 해내겠다는 주도적 태도에서 비롯되는 경우가 많다.

전략기획 업무를 맡고 있던 파트장 시절, 나에게 전체 임원 워크숍을 준비해야 하는 미션이 주어졌다. 워크숍은 조직의 중장기 전략 방향과 발표 가이드를 임원들에게 전달하고, 각 팀별로 해당 전략을 발표하는 형식으로 매년 진행되던 것이었다. 전통적인 방식대로 진행해도 무리 없이 행사를 치를 수 있었지만, 조직의 변화된 환경과 상황을 고려해 워크숍 방식에도 변화를 주고 싶었다.

그래서 전사 중장기 전략을 세밀히 검토하며 중요한 질문을 던졌다. 현재 우리가 집중해야 할 핵심 과제는 무엇인가? 불필요하게 리소스가 소모되고 있는 부분은 없는가? 개선이 필요한 프로세스는 무엇인가? 이러한 질문들을 통해, 연구소장이 고민할 법한 사항들을 미리 예측해 리스트를 만들고, 이를 워크숍 전에 임원들에게 배포했다. 그렇게 사전에 의견을 모으고, 워크숍에서는 그 답변을 토대로 토의를 진행했다.

당시 나는 차장 직급이었지만, 이 과정에서 최고 경영진 입장에서 임원들이 함께 고민해야 할 부분을 이끌어내고, 실질적으로 워크숍을 리드하는 역할을 하게 되었다. 이 경험 덕분에 연구소장의 신뢰를 얻게 되었을 뿐만 아니라, 약 1,000명의 조직을 이끌어가는 간접적인 리더십 경험을 할 수 있었다.

단순히 상사가 지시한 일을 따르기만 하면, 수동적인 업무를 하는 데 머물게 된다. 그러나 거기에 +α를 더 하려고 한다면, 스스로 주도적으로 생각하고 행동하게 된다. 또 그 과정에서 얻는 배움과 성취감이 훨씬 크다. 이 원칙을 마음에 새기고, 자신의 일을 바라볼 때마다 항상 "내가 더 할 수 있는 것은 무엇인가?"라는 질문을 던지기를 바란다.

## ✓ 실천 방안

1. **상사의 기대를 뛰어넘는 결과를 내기 위해 노력하기.** 상사의 기대 목표를 확인하고, 그것을 뛰어넘기 위해 3가지 아이디어를 도출하고 실천해 보자.

2. **다른 산업의 성공 사례 적용하기.** 현재의 업무에 다른 산업에서 성공한 사례나 방식을 변형해 적용할 수 있는지 실험해 보자.

3. **최신 트렌드 기술 활용 고민하기.** ChatGPT, AI, Digital Health 등 최신 트렌드를 SNS나 다양한 매체를 통해 파악하고, 현재 하고 있는 일에 어떻게 적용할 수 있을지 생각해 보자.

# 04

# 방법을 찾는 자 vs 변명을 찾는 자

#긍정성 #열정 #진정성

　S전자에서 전략기획 업무를 맡아 1,000명 이상의 조직을 관리하는 여러 리더와 함께 일할 기회가 있었다. 그분들은 각자 성향과 경영 방식이 달랐지만, 한 가지 **공통된 경영 철학**을 가지고 있었다. 바로 '**하고자 하는 자는 방법을 찾고, 하기 싫은 자는 핑계나 변명을 찾는다.**'는 것이었다. 단순한 문구처럼 보이지만, 오랜 직장 생활과 어려운 상황 속에서 스스로 방법을 찾아 극복해 온 그분들의 경험에서 비롯된 것이 아닐까 싶었다. 나 역시 20년이 넘는 직장 생활 동안 여러 번 이 문구를 되새기며, 주어진 상황을 받아들이고 해결책을 모색하며 주변을 설득해 문제를 해결해 나갔다.

　2012년 해외 박사학위 학술연수를 마치고 돌아온 나는 엔지니어링 부서가 아닌 전략기획 부서로 복귀해 해외 오픈 이노베이션(open innovation) 업무를 맡게 되었다. 6년 넘게 SW 엔지니어로 일하다가 5년간 박사과정을 마치고 새로운 부서에 배치되니 환경이 아주 낯설었다. 아는 사람도 없었고 업무는 생소했다. 그러나 직급 때문에 누구도 나를 신입으로 보거나 도와주지 않았다. 그러던 중, 기획팀장이 TF를 하나 기획해서 맡아 보면 좋겠다는 제안을 해 주었다. 독일에는 다양한 강소기업들이 히든 챔피언으로 자리 잡아 독일 산업을 탄탄하게 받치고 있는데, 그들로부터 배울 점을 찾아 벤치마킹하고 우리 조직의 핵심 가치와 전략에 반영하자는 취지였다.

기획팀장의 전폭적인 지원 아래, 각 부서에서 뛰어난 에이스들을 한 명씩 TF에 배정받았다. 처음에는 나도 새로운 프로젝트를 통해 능력을 발휘하겠다는 의욕이 컸다. 그러나 TF 첫 미팅에서 절망적인 상황에 직면했다. 대부분의 TF원이 지금 맡은 일만으로도 바쁜데, 추가로 TF 활동까지 하라는 것에 불만이 많았다. 프로젝트의 방향에 대해서도 소극적인 의견만 제시했다. 처음부터 이렇게 부정적인 분위기로는 TF가 제대로 시작되지 않겠다는 생각이 들었다.

그래서 생각을 바꿨다. 팀장이 나에게 리더의 자리를 맡겼지만, K 과장을 TF 리더로 추천했다. TF원들 중 나보다 이런 업무에 경험이 많고, 가장 연장자로서 팀원들에게 신뢰받고 있었기 때문이었다. 하지만 K 과장은 이미 내가 리더로 선정된 상황에서 그 자리를 맡을 수 없다며 사양했고, 대신 내가 공식적인 리더 역할을 맡되, 실질적인 리더로서 역할을 잘 해 달라고 부탁했다. 그렇게 나는 자세를 낮추고 배우는 마음으로 TF를 시작했다.

나는 어떻게든 TF가 성공적으로 진행되도록 전력을 다하겠다고 결심했다. 우선 '히든 챔피언'과 관련된 리서치 자료들을 찾아 TF원들과 공유하며 각자 맡아서 진행할 미션들을 분배했다. 하지만 TF원들이 본래의 업무 때문에 미션을 수행하지 못할 경우가 종종 있었고, 그럴 때는 내가 대신 자료를 분석하고 밤을 새워 보완하며 정보를 정리했다. 2주가 넘는 TF 기간 동안 사실상 저녁 10시 이전에 퇴근한 적이 없을 정도로 열심히 했다. 이러한 노력과 진정성이 TF원들에게도 전해졌는지, 서서히 한 명씩 마음을 열고 함께 움직여 주기 시작했다.

어느 날 K 과장은 내가 밤새 작성한 리포트를 보고, 경영진 보고에 적합한 포맷으로 깔끔하게 정리해 주었다. 리포트 작성에 서툴렀던 나는 큰 도움을 받았고, 그 이후의 자료들은 K 과장이 정리해 준 포맷에 맞춰 작성할 수 있었다. 보고서의 완성도가 점차 높아지면서 팀장에게 직접 보고할 기회가 생겼고, 긍정적인 피드백을 받았다. 이를 바탕으로 내용을 보완한 뒤 연구소장에게까지 보고할 기회를 얻었으며, 이 과정에서 TF원들과도 더욱 가까워져 많은 협조를 받을 수 있었다. 보고가 마무리된 후 TF의 성과는 임원들과 전체 연구원들에게도 공유되었고, 이 TF는 이후 다른 TF들의 성공 모델로 자리 잡았다.

결국 이 프로젝트를 통해 얻은 것은 단순한 일회성 성과가 아니었다. '히든 챔피언 TF'의 멤버들은 내가 10년 넘게 전략기획 업무를 해 오면서 힘들고 어려운 시기에 다방면에서 많은 도움을 주는 중요한 인맥이 되었다. 이 경험을 통해 얻은 소중한 교훈은, **어떤 일이 힘들고 어려울 때 핑계를 찾기보다는 방법을 찾아 극복해 나가면, 그**

과정에서 성장할 뿐만 아니라 결국 더 큰 기회를 얻게 된다는 것이다. 우리가 처한 상황이 어렵다고 회피하지 말고, 해결책을 찾아내려 노력하는 태도야말로 진정한 성공의 열쇠라는 사실을 기억했으면 한다.

여러분은 방법을 찾는 사람인가, 아니면 변명을 찾는 사람인가?

 **실천 방안**

1. **매일 작은 문제를 하나씩 찾아 해결해 보기.** 업무 중 작은 장애물이나 개선할 점을 발견하면, 이를 해결할 수 있는 구체적인 방법을 찾고 실행해 보자. 이를 통해 문제해결 능력과 자신감을 키울 수 있다.

2. **협력할 수 있는 포인트를 찾아보기.** 문제가 어려울수록 혼자서 해결하기 어렵다. 동료나 주변 조직과의 협력을 통해 함께 해결해 나가는 방법을 고민해 보자.

3. **안 되는 이유를 나열하고 이를 해결할 방법 고민하기.** 돈/인력/정보/기술/시간 등 안 되는 이유들을 나열해 보고, 해결할 수 있는 구체적인 방법들을 고민해 보자.

## 05
# 인생에 찾아오는 세 번의 기회를 놓치지 마라

**#열정 #준비성 #세 번의 기회**

살면서 누구나 한 번쯤 영화나 책, 혹은 다른 매체를 통해 '**인생에는 세 번의 기회가 찾아온다.**'는 이야기를 들어 봤을 것이다. 나도 어릴 적부터 이 말을 들으며 자랐고, 그 의미를 마음에 새기며 **언젠가 이 세 번의 기회가 찾아오면 절대 놓치지 않겠다는 결심**을 다졌다. 그리고 나는 운이 좋게도 그 세 번의 기회를 모두 맞이할 수 있었다. 이제는 앞으로 다가올 새로운 기회들을 기다리고 있다.

**첫 번째 기회는 바로 S전자 입사**였다. 사실 나는 2001년에 석사 과정을 마치면서 박사 진학보다는 유학을 꿈꾸고 있었다. 그러나 병역 문제 때문에 병역특례(전문연구요원)로 근무할 회사를 찾아야 했다. 전문연구요원 제도는 석사학위를 받은 후, 국가가 지정한 연구소에서 일정 기간 근무하면 병역을 대체할 수 있는 제도였다. 그런데 졸업을 앞둔 2001년, 갑자기 국가 차원에서 전문연구요원 T/O가 줄어든다는 소식을 듣게 되었다. 선발되지 않으면 군대를 가야 하는 절박한 상황이었다. 나는 다급한 마음으로 병무청 홈페이지에 들어가 직접 T/O가 있는 기업 연구소를 검색하고, 연락해 이력서를 보내며 면접 일정을 잡기 시작했다.

학부 시절의 동아리 활동, 석사과정에서의 연구와 논문들을 중심으로 포트폴리오를 준비했고, 주요 방송국부터 국가 연구기관, 부설 연구소까지 여러 곳에서 면접을 봤다. 대기업을 제외하고는 대부분 T/O가 1명씩밖에 없어 경쟁이 치열했다. 그러나 면접을 여러 번 보면서 자신감이 생겼다. 처음에는 어색했지만, 점차 면접관들이 어떤 질문을 하고 어떤 태도를 중요하게 보는지 공부하고 철저히 준비했다.

그중에 특히 운명처럼 다가온 기회가 있었다. S전자와 산학 과제를 하던 중에 본 면접이었다. **하늘이 준 기회라 생각하고, 지금까지의 면접 경험을 바탕으로 2주 동안 매일 면접 준비에 매달렸다.** 이력서도 최대한 면접위원들이 궁금해할 만한 내용으로 정리했고, 연구 활동도 차별화할 수 있도록 그림과 동영상을 활용해 준비했다. 그 덕분에 나는 S전자 병역특례로 최종 합격하여 첫 번째 기회를 잡을 수 있었다.

**두 번째 기회는 해외 학술연수 선발이다.** 앞서 '원하는 꿈을 적극적으로 알려라'에서 언급한 것처럼 후보자로 지명되었지만, 선발 과정은 결코 쉽지 않았다. 연구소 내 면접 일정이 잡혔고, 나는 어떻게 하면 다른 후보들과 나를 차별화할 수 있을지를 고민했다. 결국, 나의 경력을 압축적으로 보여 줄 수 있는 발표 자료를 만드는 데 정성을 다하기로 했다. 5년 동안 해 왔던 일들을 동영상과 그림을 활용해 정리하면서, 나만의 스토리를 만들어 갔다. 또한 긴장하지 않기 위해 반복적인 연습이 필요하다는 생각이 들었다.

**일요일에도 출근해 목이 아플 때까지 발표 연습을 반복했다.** 내 인생에 찾아온 두 번째 큰 기회라는 생각이 들었기에, 후회하지 않고자 할 수 있는 모든 것을 다하고 싶었다. 결국 면접 당일, 긴장이 되었지만 철저한 준비 덕분에 자연스럽게 발표를 진행할 수 있었다. 나중에 선배 임원분께 들은 피드백에 따르면, 내가 가장 준비를 많이 한 후보자였고 그게 면접 과정에서도 느껴졌다고 한다. 그 덕분에 연구소 면접에서 최종 합격했고, 나는 해외 학술연수 파견자로 선발될 수 있었다.

세 번째 기회는 이직과 관련된 이야기인데, 이 부분은 나중에 다른 곳에서 다루도록 하겠다.

되돌아보면 정말 중요한 것은 현재 내게 찾아온 기회를 인생의 전환점으로 여기고 철저하게 준비하는 마음가짐이다. 그 **기회가 다시 오지 않을 수도 있다고 생각한다면, 정말 온 힘을 다해 준비해야 한다.** 여러분은 지금 몇 번의 인생의 기회를 잡았고, 또 어떤 기회를 기다리고 있는가? 기회는 예상보다 가까이에서, 때로는 갑작스럽게 찾아온다. 그 순간이 온다면 망설이지 말고 모든 열정을 쏟아 붙잡기를 바란다.

## ✓ 실천 방안

1. **작은 기회라도 놓치지 않고 최선을 다하기.** 작은 성과들이 쌓이면 더 큰 기회를 불러올 것이다. 어떤 기회든 성장의 발판으로 삼자.

2. **인생을 걸 기회라면 철저히 준비하기.** 기다리던 기회가 찾아왔다면, 모든 열정을 쏟아부어 절박하게 준비해 보자.

3. **업무 역량을 최고 수준으로 끌어올릴 계획 세우기.** 업무의 전문성을 키우고 지속적으로 성장하면, 새로운 기회가 자연스럽게 찾아올 것이다.

# 06
# 작은 일에도 정성을 다하자

**#책임감 #성실함 #정성 #디테일**

신입사원이나 경력사원에게 입사 후 몇 가지 업무를 맡겨 보면, 그들이 앞으로 얼마나 성장할 수 있을지를 파악하는 것은 어렵지 않다. 내가 주로 살펴보는 부분은 '작은 일에도 정성을 다하는가?'이다. 이는 업무를 처리하는 데 있어 디테일을 챙기는 것이기도 하고, 근본적으로 성실함을 보여 주는 태도라고 할 수 있다. 오랜 직장 생활을 하면서 나는 이 태도가 모든 직장인에게 필수적인 덕목이라는 것을 확신하게 되었다.

'마이다스아이티' 이형우 대표의 사례를 보자. 그가 대학을 졸업한 후 대우조선에 신입사원으로 입사했을 때, 그의 첫 업무는 복사와 제본 같은 단순한 작업이었다. 그러나 이 대표는 사소한 업무일지라도 최선을 다하겠다는 마음으로 임했다. 그는 단순히 복사만 하는 것이 아니라, **이면지를 분리하는 작은 디테일부터 챙기고 복사할 자료를 정중앙에 맞추었고, 글씨가 작으면 확대해서 가독성을 높이는 등 복사 하나에도 세심한 정성을 쏟았다.** 그뿐만 아니라, 복사기 대리점에 찾아가 종이 걸림을 해결하는 방법까지 배워 와서 사내에서 '복사왕'이라는 별명을 얻게 되었다고 한다. 이 과정에서 그는 선배들이 어떤 업무를 맡고 어떤 자료를 원하는지 자연스럽게 익히게 되었고, 그 덕분에 회사 업무에 빨리 적응할 수 있었다.

나 역시 이 대표의 사례와 비슷한 경험을 한 적이 있다. 해외 학술연수를 마치고 전략기획 부서로 복귀했을 때, 오픈 이노베이션 업무를 담당하게 되었다. 그 당시 연구소장과 함께 처음으로 인도 출장을 가게 되었고, 전임자로부터 넘겨받은 출장자료를 기반으로 준비를 시작했다. 해당 자료로도 출장을 무리 없이 준비할 수 있었지만, 첫 출장이었기 때문에 나는 **사소한 부분까지 꼼꼼하게 준비해 내겠다는 마음가짐**으로 임했다.

먼저, 출장 일정을 30분 단위로 나누어 시뮬레이션했고, 인도 방갈로르까지 직항이 없어서 싱가포르 공항에서 환승해야 했기에 빠른 이동 경로를 미리 파악하기 위해 싱가포르 공항 지도를 다운로드해 터미널 간 이동 시간과 경로를 철저히 확인했다. 그리고 출장 기간 중 미팅의 Agenda, 참고자료, 이야기할 포인트, 방문 지역의 날씨와 인구, 역사, 문화, 심지어는 간단한 인사말까지 정리해 출장 자료를 세심하게 준비했다. 이 자료를 연구소장께 전달하자 매우 만족스러워 했고, 출장도 내가 준비한 대로 순조롭게 진행되었다.

이 성공적인 출장 준비 덕분에 이후에도 연구소장과 함께하는 출장은 내가 주관하게 되었고, 다양한 국가의 회사, 대학, 연구소 등을 방문하며 나의 직급에서는 얻기 어려운 소중한 경험을 쌓을 수 있었다. 그 과정에서 나는 직무 역량을 넓히고, 비즈니스적인 안목을 키울 수 있었다.

물론, 모든 출장이 이렇게 순조롭게만 진행된 것은 아니었다. 아무리 철저히 준비해도 현지에서는 예기치 못한 상황이 발생하는 경우가 많았다. 그러나 상사분들은 그런 상황에서도 **사전 준비를 늘 철저하게 하려고 노력했던 정성을 인정해 주었고, 작은 실수들은 너그럽게 받아 주었다.** 이런 경험을 통해, 나는 작은 일에도 정성을 다하는 것이 얼마나 중요한지 다시 한번 깨닫게 되었다.

작은 일에 정성을 다하면, 그 과정에서 본인이 배우는 것이 많을 뿐만 아니라, 누군가는 반드시 그 정성을 지켜보고 평가해준다. 그리고 그 정성 덕분에 실수도 관대하게 넘어가는 경우가 많다. 나아가 그 정성은 새로운 기회를 불러오는 선순환의 출발점이 될 것이다. **지금의 여러분의 일이 누구나 할 수 있는 빛나지 않는 작은 일이라도 정성을 다해 보기 바란다. 그 작은 정성이 결국 더 큰 기회를 만들어 줄 것이다.**

### ✅ 실천 방안

1. **작은 업무라도 철저하게 수행하기.** 사소해 보이는 일을 정성을 들여 하는 것만으로도 여러분을 차별화된 인재로 만들어 줄 것이다.

2. **업무의 디테일에 신경 쓰기.** 이런 부분까지 신경을 쓰다니 라는 감탄을 만들어 낸다면 업무에 있어 신뢰를 쌓는 지름길이 된다.

3. **예상치 못한 상황에 대한 Plan B를 준비하기.** 남들이 보지 못하는 Risk를 찾아내고, 대비할 수 있는 대안을 제시해 보자.

# 07

# 실력보다는 성실함이 먼저다

#성실함 #정성 #태도

직장에서 리더로 오랫동안 일하면서, 신입 후배들이 조직에 새로 들어오면 자연스럽게 여러 가지 조언을 해 주곤 했다. 그중에서도 내가 중요하게 전달하는 덕목 하나는 성실함이다. 이는 내 인생의 6가지 주요 가치인 '정직, 성실, 겸손, 열정, 진정성, 이웃사랑'과도 맞닿아 있다. 직장 생활에서 성실함은 그 사람의 성향을 구성하는 중요한 기둥과 같다고 생각한다. 다른 어떤 덕목으로도 쉽게 대체할 수 없는 중요한 태도이기 때문이다.

대개 새로운 조직에 들어온 신입사원이나 경력사원에게 첫 6개월에서 1년 동안 다양한 업무를 맡겨 본다. 이 기간은 그들의 성향과 실력을 파악하는 중요한 시간이다. **초기에 상사에게 각인되는 첫 번째 요소는 다름 아닌 '성실함'이다.** 일을 얼마나 잘하는가도 중요하지만, 처음에는 그 사람의 태도와 마음가짐이 더 크게 평가된다. 실력이 있다고 자만하여 자기중심적으로 일을 처리하거나, 요령을 피우는 후배들은 처음에는 일을 잘하는 것처럼 보일지 몰라도, 결국 선배들과 동료들의 마음을 얻지 못한다. 조직 내에서의 관계 형성에 실패하면, 시간이 지나면서 성과와 상관없이 뒤처지기 쉽다. 반면, 처음에는 두드러지지 않더라도 성실함과 겸손함을 바탕으로 꾸준히 자신의 실력을 쌓아 가는 사람들은 주변의 신뢰와 인정을 받으며 성장하게 된다.

직원 A는 처음에 매우 유능하고 뛰어난 성과를 낸 사람이었다. 그는 입사 후 빠르게 업무를 파악하고, 탁월한 분석력과 신속한 업무 처리 능력으로 상사와 동료들의 인정을 받았다. 여러 프로젝트에서 그의 역량이 돋보였고, 다른 부서로 이동한 후에도 능력을 발휘하며 중요한 역할을 맡았다. 당시 그는 여러 부서에서 요청을 받을 정도로 신뢰받는 인재였으며, 나 역시 그와 함께 일하면서 많은 도움을 받았다.

하지만 시간이 지나면서 **과도한 자신감이 그의 성장에 걸림돌**이 되었다. 자신의 성과에 대한 자부심이 커지면서 다른 사람들의 의견을 경청하기보다는 자기 방식만을 고집하는 경향이 나타났다. 팀 내에서 협력보다는 독단적인 태도가 문제를 일으키기도 했고, 이로 인해 상사와의 신뢰 관계가 조금씩 흔들리기 시작했다. 결국 그는 새로운 환경을 찾기 위해 이직을 선택했다.

반대로, B 직원은 입사 초반에는 크게 눈에 띄지 않았다. 그럼에도 **그는 아침마다 가장 먼저 출근해 자신의 업무를 철저히 계획하고 준비하는 모습이 인상적이었다.** 하지만 고과에서 높은 평가를 받지 못했다. 실력이 뛰어난 선배들에 비해 초기 성과를 크게 낼 수 없는 환경 때문이었다. 이런 상황에서도 그는 성실함을 잃지 않았다. 매주 꾸준히 자신의 업무와 관련된 업계 동향을 파악하며 자료를 정리해 사내에 공유하던 그는, 점차 그 성실함과 노력으로 인해 전문성을 인정받기 시작했다. 시간이 지나면서 이러한 노력들이 쌓여 결국 좋은 평가를 받게 되었고, 더 나아가 해외 단기연수라는 큰 성장의 기회도 얻게 되었다. 그의 성장은 단순한 재능이 아닌, 성실함과 꾸준함이 만들어 낸 결과였다.

**성실함은 단순히 열심히 일하는 것을 넘어, 자신의 일에 진지하게 임하고 꾸준히 노력하는 태도다.** 직장에서 성실함은 그 사람의 성향을 보여 주는 중요한 지표다. 지금 자기 역량이 부족하다고 느낀다면, 당장의 성과에 집착하지 말고 성실하게 전문성을 쌓는 데 집중해 보자. 그 시간이 쌓이면 기회는 반드시 찾아올 것이며, 그때는 한층 성장한 자신을 발견할 것이다. 조급해 하지 말고, 성실함을 밑바탕으로 커리어를 탄탄히 다져 가길 바란다.

## ✅ 실천 방안

1. **아침에 가장 일찍 출근해 보기.** 업무를 미리 여유 있게 계획할 수 있는 시간이 확보되고, 성실함을 보여 주는 작은 실천이 될 것이다.

2. **매주 업계 동향조사 해 보기.** 최신 업계 동향을 파악하면서 전문성을 높이고, 꾸준히 팀 내에 공유하면서 신뢰를 쌓는 기회가 될 것이다.

3. **결과보다는 과정에 집중하기.** 당장의 성과에 연연하지 말고, 과정을 통해 얻는 경험에 집중하자. 그 과정이 쌓여 성과로 돌아올 것이다.

## 08

# 스마트한 성실함이 중요하다

**#방향성 #효율성 #몰입 #집중**

　직장에서 성실함이 중요하다고 이야기했지만, 그 성실함이 항상 일을 잘 해내는 능력을 의미하는 것은 아니다. 방향성과 전략 없이 무작정 성실하게만 일하는 것은 오히려 주변 사람들을 힘들게 할 수 있다. 스마트한 성실함이 필요한 이유다.

　**스마트한 성실함**의 첫 번째 요소는 **명확한 방향성**이다. 뛰어난 인력들은 업무 지시를 받았을 때, 우선 자신이 이해한 내용이 맞는지 상사에게 질문하여 확인한다. 또한, 상사가 최종적으로 기대하는 결과물(output)과 일정을 명확히 파악해, 합의(컨센서스)를 이룬다. 일을 진행하면서도 중간중간 비공식적으로 진행 상황을 상사에게 보고하고 피드백을 받는다. 이런 과정 덕분에 최종 시점에 예상치 못한 상황 없이 상사의 기대를 정확히 맞출 수 있다.

두 번째는 **효율적인 시간 활용과 병렬적인 일처리**이다. 아침에 일찍 출근하고, 저녁 늦게까지 근무한다고 해서 반드시 일을 잘하는 것은 아니다. **정말 일을 잘하는 사람은 정해진 시간 내에서 최대한의 성과를 내는 방법을 찾는다.** 본인이 직접 모든 것을 처리하지 않더라도, 다른 사람들을 통해 업무가 진행되도록 만들어 놓는 것이다. 이러한 효율성은 단순한 시간 관리의 문제가 아니라, 스마트한 성실함을 가능하게 하는 핵심이다.

세 번째는 **선택과 집중력**이다. 평소에는 기본적인 업무를 성실하게 수행하다가, **조직 차원에서 중요한 일이 생기면 몰입해서 해결하는 능력**이 필요하다. 중요한 업무가 발생했을 때는 며칠이고 몇 주 동안 야근을 하면서라도 그 일을 완수해 내는 근성 있는 성실함이 요구된다. 이런 집중력은 위기 상황에서 더욱 빛을 발한다.

해외에서 박사학위를 마치고 회사로 복귀한 후, 나는 전략기획 부서에서 파트장으로 일하게 되었다. 5년간의 박사과정 동안 연구와 논문 작업에 익숙해졌기에 문제를 파악하고 글을 쓰는 데 어느 정도 자신이 있었다. 어느 날, 연구소 내 개발팀들의 해외 협업을 어떻게 개선할지 방안을 마련하는 미션이 주어졌다. 나는 현재 어떤 이슈들이 있는지 알아내기 위해 질문 리스트를 작성한 후, 연구소 내 주요 인력들과 인터뷰를 시작했다. 하루에 서너 명씩, 일주일 동안 20명가량 만나서 인터뷰했고, 그 내용을 엑셀에 정리하며 분석했다.

2주가 지나 그룹장에게 보고서를 제출했을 때, 나는 나름 만족스러웠다. 하지만 내 기대와 달리, 보고서는 온통 빨간 펜 자국으로 가득했다. 지금 돌아보면 부끄럽지만, 그때는 왜 그렇게 많은 지적을 받았는지조차 제대로 이해하지 못했다.

　그 이후 나는 그룹장이 매번 칭찬하는 일 잘하는 A 과장은 이런 종류의 일을 어떻게 하는지 주의 깊게 관찰해 보았다. 그는 단순히 일을 빠르게 처리하는 것 이상의 능력을 보여 주었다. 업무를 시작할 때마다 핵심 질문을 정리해 그룹장에게 먼저 확인을 받았고, 메일로 조사 목적과 배경을 명확히 전달하면서 회신 기한을 설정해 효율성을 극대화했다. 이를 통해 그는 내가 2주 동안 20명의 사람들을 만나며 수집했던 정보를 단 3일 만에 메일 한 통으로 받아 낼 수 있었다. 상대방도 충분히 고민할 시간을 가졌기 때문에, 정제되고 더 나은 답변과 결과물을 만들어 냈다.

　A 과장은 회신을 기다리는 동안 스토리라인을 미리 정리해 그룹장에게 확인을 받고, 받은 자료를 분석해 개선 방향과 추진 계획까지 포함한 보고서를 완성했다. 그 과정에서 그는 일을 스마트하게 처리하는 방법을 보여 주었고, 중요한 일은 필요할 때 몰입해 야근까지 하면서 끝까지 책임을 다하는 모습을 보였다. 그는 성과와 더불어 스마트한 업무 방식 덕분에 빠르게 승진하며 주요 TF에 차출되었고, 회사에서도 유망한 인재로 주목받게 되었다.

　**꾸준한 성실함도 중요하지만, 방향성과 효율성을 갖춘 스마트한 성실함은 더욱 큰 성장으로 이끈다.** A 과장이 보여 준 방식처럼, 단순히 업무를 처리하는 데 그치지 않고 어떻게 더 효과적으로 할지 고민하고 실천하는 것이 중요하다. 지금의 성실한 노력에 스마트함을 더한다면, 더 큰 기회를 잡고 자신을 한 단계 더 성장시킬 수 있을 것이다.

### ✓ 실천 방안

1. **지시사항 명확하게 피드백받기.** 상사와 최종 결과물에 대한 기대와 목표, 일정을 명확하게 정하고, 중간 피드백을 받아 보자. 이렇게 하면 방향성을 잃지 않고 상사가 기대하는 결과물을 정확히 전달할 수 있다.

2. **효율적인 시간 관리와 병렬적 처리 시도하기.** 한 번에 여러 업무를 병렬적으로 처리할 수 있는 부분이나 자동화할 수 있는 방법을 도입한다면 주어진 시간 안에 최적의 성과를 낼 수 있다.

3. **몰입이 필요한 일인지 구분하기.** 중요한 일이 생기면 집중해서 몰입하고 그 외에는 효율적으로 일하며 균형을 유지하자. 안정된 재충전과 선택적 몰입이 더 큰 성과로 이어질 것이다.

# 09
# 모든 사람에게는 배울 점이 있다

**#배움 #긍정성 #팔로워십**

　S전자에서 여러 상사들과 함께 일하며 다양한 경험을 쌓을 수 있었다. 물론 상사가 바뀔 때마다 진행 중인 업무를 다시 설명하고, 새로운 상사와 호흡을 맞추는 데 시간이 필요했다. 처음에는 이러한 변화가 쉽지 않았고, 때로는 상당한 스트레스를 받기도 했다. 그러나 시간이 지나면서 각 상사가 중요하게 여기는 포인트에 맞춰 가는 과정에서 나 자신도 자연스럽게 성장하고 있음을 깨달았다. **상사들의 스타일과 방식에서 많은 것을 배우며, 그 경험들을 내 방식으로 정리하고 발전시킬 수 있었다.**

　직장 생활을 하다 보면 상사 때문에 힘들어하는 후배들을 가끔 만나게 된다. 그때마다 나는 이렇게 조언한다. "**상사가 어렵거나 힘들어도, 그 사람에게서 배울 점을 찾아보면 관계도 좋아지고, 스스로

**성장할 기회가 생긴다."** 모든 상사에게는 분명 배울 만한 장점이 있고, 그들의 경험은 내 자산이 될 수 있다. 어려운 상사와의 경험은 내가 리더가 되었을 때 후배들에게 더 나은 리더가 되기 위한 중요한 교훈이 된다. 결국 상사와의 관계는 직장 생활의 중요한 요소이므로, 긍정적인 마음가짐으로 배우고자 하는 자세로 접근하면 더 좋은 결과를 얻을 수 있다.

여러 상사들과 함께 일했지만, 기억에 남는 몇 분을 통해 내가 무엇을 배웠고, 또 어떤 부분들을 더 발전시켜 나가고자 했는지 이야기해 보고자 한다.

**A 상사**는 사교성이 뛰어나고, 긍정적인 태도를 가진 분이었다. 그는 사람들과의 관계를 매우 중요하게 생각했고, 상사와 동료, 후배들에게 항상 친근하게 다가갔다. 비록 세부적인 업무 지시나 피드백이 부족하다는 평가를 받기도 했지만, **어디서든 자신 있게 소통하며 어려운 상황에서도 긍정적으로 대처하는 모습**은 나에게 많은 영감을 주었다. 세부적인 부분까지 꼼꼼하게 업무를 챙기지는 못했지만, 그가 가진 긍정적인 마인드와 유연한 태도는 나에게 많은 가르침을 주었다. 그의 멘탈 강한 모습과 사교적인 면코에서도 배울 점이 많다고 느꼈다. 직장 생활에서 인간관계가 얼마나 중요한지를 그를 통해 다시 한번 깨달았다.

**B 상사**는 **업무에 대한 철저함과 정확함을 강조했다.** 보고서를 준비할 때 포맷과 세부 사항까지 꼼꼼하게 체크해 수정하길 요구하는 분이었다. 처음에는 지나칠 정도의 꼼꼼함에 답답함을 느끼기도 했지만, 시간이 지나면서 보고서 작성의 정확성과 세밀함이 중요한 이

유를 점점 더 이해하게 되었다. 그는 특히 고위 임원들에게 어떻게 보고하는 것이 효과적인지 잘 알고 있었고, 그 덕분에 대외 보고서 작성 능력을 크게 향상시킬 수 있었다. **그가 요구했던 세부적인 보고 관련 사항들은 내가 이후 중요한 프로젝트에서 성공적으로 일을 수행하는 데 큰 도움이 되었다.**

C 상사는 사교성보다는 **업무에 집중하는 질문의 힘**을 느끼게 해 주었다. 개인적인 이야기나 관계보다는, 일의 본질에 집중하며 항상 핵심을 짚는 질문을 던졌다. 보고서의 양식보다는 내용에 집중했고, 질문을 통해 나 스스로 무엇이 부족한지 깨닫도록 유도해 주었다. **그의 이러한 방식은 내가 후배들을 지도할 때도 큰 영향을 미쳤다.** 질문을 통해 답을 찾아가도록 도와주는 리더십이 매우 효과적이라는 것을 배웠다. 그의 리더십은 내가 업무의 본질을 파악하고, 문제 해결을 위해 더 깊이 고민하게 도와주었다. 단순히 지시하는 것이 아니라, 생각하게 만드는 리더십을 배우게 된 좋은 기회였다.

**D 상사는 업무 역량 면에서 가장 존경하는 분**이었다. 그는 다양한 업무 경험과 폭넓은 지식을 바탕으로 업무를 탁월하게 처리했다. 대외 이메일 작성부터 중요한 회의 내용 정리까지, **어떤 일도 군더더기 없이 핵심을 정확하게 처리하는 모습**이 인상적이었다. 그와 함께 일하면서 내가 부족했던 부분을 많이 채울 수 있었고, 그의 철저한 업무 방식이 나에게 큰 교훈이 되었다. 그는 매우 체계적이고 효율적으로 일했으며, 작은 실수도 허용하지 않는 완벽주의적 성향이 있었지만, 그 덕분에 업무는 항상 성공적으로 마무리되었다. **그의 업무 처리 능력과 효율성은 내가 지금까지도 참고하는 중요한 자산이 되**

었다.

　각 상사들에게서 배운 점들은 나의 성장에 중요한 역할을 했다. **상사들과의 경험은 단순히 업무를 함께하는 것을 넘어서, 나의 역량을 넓히고 성장시키는 중요한 기회였다.** 어려웠던 경험들이 나를 단련시키고, 긍정적인 배움이 나의 역량을 키웠다. 지금도 그분들의 방식에서 배운 점을 바탕으로 내 업무 스타일을 발전시켜 나가고 있다.

 **실천 방안**

1. **직속 상사의 장점과 배울 점 찾기.** 상사의 장점을 찾아 내 것으로 만들기 위해 노력해 보자. 전문성을 높이고 더 깊고 넓은 사고방식을 가질 수 있을 것이다.

2. **직속 상사에게 배운 점에 대해 감사 표현하기.** 기회가 된다면 상사에게 배운 점에 대해 감사의 마음을 표현해 보자. 존경의 마음은 전달되고 서로를 더욱 가깝게 이어 주는 힘이 있다.

3. **배울 점을 메모하고 성찰하기.** 상사뿐만 아니라, 만나는 사람들의 장점이나 배울 점을 주기적으로 메모하고 성찰하는 습관을 길러 보자. 이를 어떻게 자신에게 적용할지, 업무에 반영할지 고민해 보자.

# 10
# 최고 의사결정권자라고 생각하라

**#주인의식 #의사결정 #도덕성 #추진력 #열정**

'주인의식을 가지고 일하라.'는 말을 자주 듣지만, 실제로 이를 지킨다는 것은 쉽지 않다. 하지만 주인의식을 가지고 일하는 사람들은 여러 면에서 빠르게 성장하고, 성공을 이루는 경우를 많이 경험했다. 그 이유는 단순히 맡은 일을 처리하는 데 그치지 않고, **더 큰 책임감과 전략적 사고로 접근하기 때문이다.**

A 임원은 늘 전사차원의 일이 떨어지면, 본인 조직의 이해관계를 따져 타부서에 넘기거나 적극적으로 참여하지 않으려고 했다. 물론 현재 해당 팀이 많은 일을 하고 있어서 부서원들을 배려하는 차원으로 이해할 수 있었다. 하지만 문제는 회사 차원에서 그 일을 가장 잘 처리할 수 있는 팀은 A 임원 팀이라는 점이었다. 이런 경우 어떻게 하는 게 맞을까?

주인의식을 가지고 일을 하면 의사결정을 할 때 큰 그림을 보고 고민하는 능력이 생긴다. 유관 부서와 함께 회의를 하다 보면 각 부서의 입장이 다를 때가 있다. 그럴 때마다 자신의 입장만 고수하거나, 타부서에 부담을 떠넘기고 싶은 유혹을 느낄 수 있다. 그러나 진정으로 주인의식을 가진 사람은 **무엇이 회사 차원에서 가장 올바른 결정인지를 고민하고, 나의 역할을 다할 방법을 찾아낸다.**

만일 A 임원이 주인의식 더 있었더라면, 회사 차원에서의 우선순위를 고려해서 현재 업무 리스트를 재조정해야 한다. 내가 또는 우리 조직이 바쁘거나 불편하다고 해서 다른 부서에 업무를 미루거나, 잘못된 방향으로 가는 것을 방관해서는 안 된다. 이는 결과적으로 회사와 조직과 자신의 성장을 막는 장애물이 될 수 있다.

두 번째로, **주인의식을 가진 사람은 도덕적 기준을 지키며 일한다.** 경영지원 그룹에 근무하던 꼼꼼이 B차장은 비용 승인 문제로 늘 개발팀과 다투었다. 비용 승인 담당이던 그는 조직 차원에서 비용이 허투루 사용되지 않도록 늘 꼼꼼하게 확인하고 점검했다. 친분이 있는 사람이 관련되었거나 윗사람의 지시라고 해서 점검을 느슨하게 하지 않았다. 그의 지속적이며 꼼꼼한 점검은 소문이 나면서, 개발팀들은 B차장을 설득하기 위해, 비용 승인을 위한 실질적이고 타당한 근거자료를 만들어 가야만 했고, 당연한 절차로 자리 잡게 되었다.

사실 회사의 자원이 나의 것이라 생각하면, 연구비나 회사 비용을 낭비하지 않게 된다. 이는 단순한 비용 절감의 문제가 아니라, 자원의 가치를 인식하고, 전략적 관점에서 올바르게 집행하는 것을 의미한다. 내 돈이라면 어떻게 쓸지 고민해 보면, 정말 필요한 곳에 비용을 투자하고 무의미한 낭비를 막을 수 있다.

세 번째로, 주인의식은 장기적인 관점을 불러온다. **당장의 문제를 피하기 위해 임시방편적인 해결책을 사용하는 것이 아니라, 더 시간이 걸리더라도 근본적인 해결책을 찾고, 올바른 방향으로 나아가는 데 집중하게 된다.**

장비를 개발하면서 SW 측면에서 난항을 겪을 때가 있었다. 계속해서 SW 관련 문제가 발생하여 들여다보니, 소스 코드 자체가 복잡하게 설계가 되어 있었다. 하나를 수정하면 다른 쪽에서 문제가 발생하는 상황이 반복되었다. 장비 개발 기간 내에 완수하려면 현재 SW 코드를 유지하면서 문제가 없게 수정하는 방법밖에 없었다. 하지만 한 차원 더 깊게 들어가 생각해 보자. 개발이 완료된 이후에 작은 문제가 생길 수도 있다. 그렇다면 SW 수정에 많은 시간이 걸리고, 이후 고객들의 불만이 커질 것이다. 이는 중대한 문제였다.

과연 어떻게 하는 것이 회사를 위한 것일까? 나는 SW를 원점에서 다시 재설계하는 것으로 최고 의사결정권자에게 보고하고 개발을 3개월 지연시켰다. 개발팀 입장에서는 지연에 책임을 져야 하는 쉽지 않은 결정이었지만, 회사 차원에서는 그렇게 하는 게 올바른 의사 결정이었다. 그렇게 SW는 재설계되어 이후 양산/출시 그리고 출시 후 개선까지 순조롭게 이루어 낼 수 있었다.

문제를 근본적으로 개선하지 않으면, 향후에 반드시 더 큰 리스크가 발생할 수 있다. 주인의식을 가진 사람은 이를 방관하지 않고, 용기를 내어 문제점을 드러내고 해결하려고 노력한다.

네 번째로, **주인의식을 가지고 일하면 스스로가 최고 의사결정**

**권자로 성장하게 된다.** 마치 CEO가 된 것처럼 생각하고, 모든 상황에서 가장 나은 결정을 내리는 연습을 하게 된다. 이런 경험을 쌓다 보면 자연스럽게 사고의 폭이 넓어지고, 고민의 깊이가 달라진다.

S전자에서 근무할 때, 회의 준비시마다 SOP를 작성하는 조직이 있었다. SOP란 Standard Operation Procedure의 약자로, '표준 작업 절차서' 정도로 이해하면 되는데, 최고 의사결정권자가 회의 참석 전에 회의의 목적과 핵심 안건을 명확하게 이해하고, 올바른 의사결정을 유도하는 목적으로 활용된다. 이를 위해 SOP 작성자는 회의 전에 회의 의제 파악에 필요한 모든 내용을 사전에 조사하고 참석자들이 어떤 방향으로 이야기할지 파악해서 안건별 쟁점 포인트를 정리한다. 어떤 의사결정과 유관 부서의 협조가 필요한지 최종 의사결정권자가 회의석상에서 이야기 할 수 있도록 준비한다

사실 이 SOP를 준비하는 조직은 사전에 회의 시간보다 훨씬 많은 시간을 회의 준비에 쏟기 때문에 어려움을 토로하곤 했다. 하지만 꼭 필요한 내용을 적기에 의사결정하고 회사 차원에서 중요한 사안의 방향을 최고 의사결정권자 관점에서 정리해 본다는 그 취지와 정신은 의미 있고 프로페셔널한 접근 방식임을 인정했다. 실제로 해당 조직의 리더들은 향후 승진하여 더 큰 조직을 맡게 되는 상황을 직접 목격하기도 했다.

오늘부터 직장에서 마치 CEO가 된 것처럼 생각하고 일해 보기 바란다. 주인의식을 가지고 업무에 임하면, 더 큰 그림을 그리며 넓은 시각과 깊은 고민을 하게 되고, 조직과 함께 성장하는 자신을 발견하게 될 것이다.

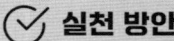
## 실천 방안

1. **회사의 자원을 내 것처럼 생각하자.** 회사의 물건을 구매할 때, 또 사용할 때, 내 돈이라면 과연 이렇게 쓸지, 낭비는 없는지 점검해 보자.

2. **의사결정이 우리 조직의 이해관계를 감안한 것인지 점검하기.** 나와 내 조직에는 이익이 되지만 화사차원에서는 손해가 되는 결정은 삼가자. 회사가 성장하고 잘되어야, 나도 더 큰 성장을 할 수 있다.

3. **장기적인 해결책인지 고민하기.** 당장의 문제를 덮기 위한 임시방편에 의존하지 말고 회사 차원에서 근본적인 해결책을 찾으려고 노력하자.

# Part 1 요약
# 업무 태도를 보면 미래가 보인다

---

1. **첫 번째 미션에 최선을 다하자**
You don't have second chance for your first impression.

2. **원하는 꿈을 적극적으로 알려라**
회사에서 이루고 싶은 것 3가지를 적어 보고 알려라.

3. **지시한 내용에 항상 +α 를 해라**
상사가 기대한 바를 늘 넘어서는 아이디어를 고민하라.

4. **방법을 찾는 자 vs. 변명을 찾는 자**
할 수 없다고 변명하기보다 할 수 있는 방법을 고민해보라.

5. **인생에 찾아오는 세 번의 기회를 놓치지 마라**
그 세 번의 기회라고 생각하면 인생을 걸고 준비해라.

6. **작은 일에도 정성을 다하자**
작은 일에 쏟는 정성은 반드시 큰 기회로 돌아온다.

7. **실력보다는 성실함이 먼저다**
실력을 자만하지 말고 늘 성실함으로 꾸준함을 보여라.

8. **스마트한 성실함이 중요하다**
업무 방향성/효율화를 늘 고민하고, 정말 중요한 순간에는 달려라.

9. **모든 사람에게는 배울 점이 있다**
상사들의 장점을 나의 장점으로 만들어 가라.

10. **최고 의사결정권자라고 생각하라**
주인의식은 여러분을 결국 주인으로 만들어 줄 것이다.

Part 2

# 고수로 가는
# 업무 역량 쌓기

# 01

# 성공하는 사람의 3가지 조건

**#발표력 #글력 #소통력**

　미국에서 박사학위 공부를 하던 2011년 즈음, 보스턴 컨설팅(BCG) 한국 오피스 대표분이 우리 학교에 리크루팅을 위해 온 적이 있었다. 당시 박사과정 학생 몇몇과 함께 저녁 식사 자리에 초대받아, 성공과 인생에 대한 많은 이야기를 들을 수 있었다. 불과 36세의 나이에 BCG 파트너가 되어 한국 오피스의 지사장을 맡았고, 업계에서는 대단히 빠르게 성공한 분으로 평가받고 있었기에, 그와의 대화는 나에게 많은 영감을 주었다.

　저녁 식사 자리에서 **사회에서 성공하는 사람의 3가지 조건**에 대해 이야기해 주었는데, 이 내용이 내가 회사에서 보아 온 성공하는 사람들의 조건과 크게 다르지 않아 지금까지도 기억에 남아 있다. 이 기회를 통해 그 내용을 함께 나누고자 한다.

첫 번째 조건은 **발표 역량**이다. 많은 사람들이 대중 앞에서 발표하는 것을 두려워하고 어색해하지만, 이 두려움을 극복하면 차별화된 경쟁력을 가질 수 있다. 사실 발표는 단순히 자신감을 필요로 하는 것이 아니라, 핵심 내용을 논리적으로 잘 전달하는 능력이 요구된다. 대중 앞에서 발표하는 것은 분명 떨리고 두려운 경험이다. 하지만 때로는 **장황한 설명보다 짧고 진정성 있는 발표가 더 강한 인상을 남긴다.** 나 역시 대중 앞에서 발표할 때면 늘 긴장되지만, 발표의 핵심은 그 메시지가 청중에게 어떻게 다가가는지에 달려 있다는 사실을 깨닫고 있다. 그래서 회피하기보다는 이 도전에 맞서면서 나의 발표 역량을 키우기 위해 끊임없이 노력하고 있다.

두 번째는 **글쓰기 역량**이다. 말로 표현하는 것도 중요하지만, **자신의 생각과 주장을 얼마나 논리적으로 글로 잘 전달할 수 있느냐가** 중요하다. 나 역시 박사과정 중에 세계적인 석학들의 논문을 읽으면서 그들의 논리적 글쓰기 능력에 감탄한 적이 많았다. 그들은 여러 사례와 논리적 근거, 그리고 실험 데이터를 통해 주장을 뒷받침하며, 복잡한 내용을 쉽게 풀어내는 능력을 가지고 있었다.

박사과정을 마치고 회사로 복귀한 후 전략기획 부서에서 10년 넘게 근무하면서, 나는 경영진 보고 자료와 발표 자료를 작성하는 일에 많은 시간을 보냈다. 그 과정에서 보고서나 발표 자료를 작성할 때, 읽는 사람이 궁금해할 부분을 명확하게 파악하고, 핵심을 전달하는 것이 얼마나 중요한지 깨닫게 되었다. 많은 사람들이 발표는 자신 있게 하지만, 글로 정리하는 것은 어려워하는 경우가 많다. 그러나 **글쓰기 역량은 단기간에 쌓이는 것이 아니기 때문에, 좋은 글과 보고서**

를 많이 읽고, 스스로 글을 자주 써 보는 **연습이 필요하다.**

세 번째는 **커뮤니케이션 역량**이다. 발표를 잘하고, 글을 잘 써도 커뮤니케이션이 원활하지 않으면 문제를 겪을 수 있다. 본인의 전문성과 역량을 무기로 삼아 상대방을 무시하거나, 배려하지 않는 커뮤니케이션 방식은 반드시 문제를 일으킨다. **커뮤니케이션의 핵심은 상대방에 대한 배려에서 출발해야 한다.** 대화의 목적과 상대의 의도를 잘 파악한 후, 그에 맞는 적절한 대화를 나누는 것이 중요하다.

S전자에서 주니어 시절, 나의 사수였던 A 선배는 늘 상대방을 배려하며 커뮤니케이션했던 분이다. 어느 날 선배와 함께 미팅에 참석했는데 고참 임원분이 지난번에 이미 논의되었던 내용을 다시 꺼내기 시작했다. 나는 선배를 보며, '저 이야기는 지난번에 했던 이야기니까 빨리 끊고 다음으로 넘어가자.'는 신호를 보냈다. 그러나 A 선배는 전혀 다른 태도를 보였다. 그는 마치 처음 듣는 이야기처럼, 임원의 이야기를 차분히 경청했고, 논리적으로 준비된 자료와 함께 그 임원의 질문에 하나하나 성실하게 답변했다. 미팅은 부드럽게 진행되었고, 선배는 그 임원의 두터운 신임을 얻게 되었다.

가끔은 상대방이 했던 이야기를 잊을 수도 있고, 때로는 알고 있는 내용이어도 모른 척 들어줄 필요가 있다. 상대방에게 자신의 의견을 충분히 말할 기회를 줄 때, 그 사람은 존중받는다는 느낌을 받으며 더 깊은 신뢰를 형성하게 된다. A 선배의 행동은 단순한 대화 기술 이상의, **진정성 있는 배려가 어떻게 신뢰로 이어질 수 있는지를** 보여 준 사례였다.

그 외에도 성공하는 사람들의 공통적인 특징으로는 **순발력, 비**

즈니스적 센스, 추진력이 있으며, 뚜렷한 목표와 그것을 향한 강한 집념 역시 성공의 중요한 요소들이다. 이러한 역량들은 어느 순간 주변에서 나에 대한 평가로 이어지고, 그 평가가 성공의 발판이 될 수 있음을 명심하도록 하자.

 **실천 방안**

1. **작은 발표 기회를 자주 갖기.** 발표 기회가 있으면 피하지 말고, 짧은 발표라도 실전 경험을 해 보며 자신감을 쌓아 가도록 하자.

2. **매일 짧은 글 써 보기.** 처음에는 10분이라도 글을 꾸준히 쓰는 습관을 갖도록 하자. 일기라도 좋다. 점차 서평이나 블로그 글로 발전시키자.

3. **상대방의 입장을 반영하여 답변하기.** 자신의 의견을 전달할 때, 상대방의 관점이나 감정을 먼저 인정하고, 그다음에 자신의 의견을 제시한다면 더 원활한 대화가 가능할 것이다.

# 02
# 먼저 한 분야에서 정상에 서라

**#꾸준함 #집중 #열정 #실력**

어떤 업무를 해야 할 때 리더 입장에서는, "이 일을 가장 잘할 수 있는 사람이 누구일까?"라는 질문을 먼저 한다. 그런 순간에 자연스럽게 떠오르는 사람을 생각해 보면, 그 사람은 해당 분야에서 누구나 인정하는 전문성을 갖춘 인력일 가능성이 크다. 또한 유사한 업무를 여러 번 수행하면서 일관되게 좋은 성과를 낸 경험을 가지고 있어, 일을 맡겼을 때 믿고 맡길 수 있는 사람이다. 회사에서는 이런 사람이 되기 위해 노력해야 한다. **자신의 분야에서 전문성을 쌓아, 그 분야에서는 누구보다도 자신 있게 이야기할 수 있는 사람, 그리고 관련된 업무가 생길 때 주변에서 먼저 찾는 사람**이 되어야 한다.

그러나 이런 전문성은 단기간에 만들어지지 않는다. 꾸준한 시간 투자와 노력으로 쌓아 올려야 하며, 이 과정을 얼마나 빨리 인식하고 시작하느냐에 따라 그 사람의 경력 경로가 크게 달라질 수 있다. 신입사원일 때부터 자신이 집중해야 할 역량을 고민하고, 이를 전략적으로 쌓아 나가는 것이 중요하다.

우선 자신에게 차별화된 역량이 무엇인지 파악해야 한다. 예를 들어, 해외에서 유학한 경험이 있어 영어 실력이 뛰어나다면 해외 오퍼레이션과 관련된 업무에 집중할 수 있다. 만약 엑셀이나 PPT 작성에 자신이 있다면 문서 작업이나 데이터 분석 능력을 바탕으로 전략 기획이나 마케팅 조사 분야에서 자신의 전문성을 확장할 수 있을 것이다. 발표나 커뮤니케이션에 자신 있다면, 홍보나 영업 분야를 고려해 볼 수 있다. 중요한 것은 **얼마나 일찍부터 집중할 영역을 설정하느냐에 따라 10년, 20년 후의 모습이 완전히 달라질 수 있다는** 것이다.

처음에는 주변 선배들이나 동료들과 비교하며 자신의 역량이 부족하다고 느낄 수 있다. 하지만 긴 호흡을 가지고 꾸준히 노력하면 시간이 지날수록 어느 순간 자신도 모르게 해당 분야의 전문가로 인정받게 되는 시기가 온다. 이때는 이미 주변에서 단기간에 쫓아올 수 없는 깊은 지식과 경험을 보유하게 된다.

내 경우를 예로 들면, 앞서 '첫 번째 미션에 최선을 다하자'에서 이야기했던 대로, 나는 학부와 대학원 시절에 C++ 코딩을 많이 해 왔고, 계획적으로 공부하고 실행하는 꼼꼼한 성격 덕분에 입사 후 반도체 공정 자동화 부서에서 맡은 '인터페이스 SW 모듈 개발'이라는 미션을 성공적으로 수행할 수 있었다. 신입사원이었지만, 표준 통신 규약을 집중력 있게 습득하고 이를 바탕으로 코딩을 구현할 수 있었고, 여러 프로젝트에서 인터페이스 모듈을 개발하며 경험을 쌓았다.

시간이 지나면서 다양한 프로젝트와 여러 가지 시나리오를 경험하고 문제를 해결해 나가면서 이 분야의 전문성을 확보할 수 있었다. 3개월, 6개월, 1년, 2년이 지나면서 나는 회사 내에서 인터페이스 모듈 부분에서는 가장 전문성 있는 개발자가 되었고, 그 결과 좋은 평가를 받고 새로운 기회들을 얻을 수 있었다.

가끔 현재 맡고 있는 일이 힘들거나 다른 경험을 하고 싶다는 이유로 1~2년 만에 완전히 다른 부서로 이동하거나, 회사를 옮기는 결정을 내리는 사람들이 있다. 물론 다양한 경험도 중요하지만, **어느 한 분야에서 오랜 시간 집중하여 전문가로 인정받는 경험이 먼저**라는 점을 잊지 말아야 한다. 적어도 한 분야에서 5년 이상의 경험을 쌓고, 그 경력을 바탕으로 다른 영역으로 확장해 나가는 것이 전문가로서의 입지를 공고히 하고 커리어를 더욱 탄탄하게 다지는 방법이다. 이렇게 하면 자신의 커리어를 스스로 주도할 수 있을 뿐만 아니라, 주변에서도 본인의 역량을 인정하고 적극적으로 지원해 줄 것이다.

## ✅ 실천 방안

1. **자신만 차별화된 강점을 적어 보자.** 자신의 능력 중에서 가장 자신 있는 부분을 찾고, 이를 바탕으로 전문성을 키워 나가자. 당장은 부족한 역량이라도 긴 호흡으로 꾸준히 노력해 보자.

2. **5년 이상 경험을 쌓을 분야를 정해라.** 본인이 잘할 수 있고, 오래 할 수 있는 분야에서 적어도 5년의 경험과 전문성을 쌓도록 하자.

3. **전문성을 쌓을 수 있는 일을 적극적으로 맡아라.** 자신의 역량을 축적할 수 있는 업무를 적극적으로 요청하고, 맡아라. 당장은 힘들고 어렵더라도 축적의 시간은 누구에게나 필요한 법이다.

## 03

# 모르면 후배 사원도 사수로 모셔라

**#학습 #열정 #절박함**

　세대 차이는 오래전부터 존재해 온 문제다. 기원전 1700년 수메르 점토판에도, 고대 로마와 중세에도 기성세대와 젊은 세대 간의 견해 차이가 있었다는 기록이 있을 만큼, 이 문제는 현대만의 현상이 아니다. 그래서 "꼰대는 살아남지 못한다."는 말도 단순히 넘겨 버릴 수 없는 의미가 있다. **나 역시 매일 스스로를 돌아보며, 내가 과연 열린 마음으로 후배들을 보고 있는지, 아니면 나의 가치 판단에 갇혀 그 렌즈로 후배들을 평가하고 있지는 않은지 반성하곤 한다.**

　"모르면 후배 사원도 사수로 모셔라."라는 말은 내가 실제로 박사학위를 마친 후 전략기획 부서에 배치되면서 체감한 뼈아픈 레슨이다. 오랜 시간 소프트웨어 개발을 하면서 나름의 노하우를 쌓았고, 후배들과 유관 부서에 자신 있게 설명하며 긍정적인 평판을 받아 왔던 나는, 회사의 지원으로 해외 유명 대학에서 박사학위를 받고 온 유학파라는 화려한 타이틀을 가지고 돌아왔다. 하지만 막상 전략기획 부서에 배치되었을 때, 그곳에서 10년 넘게 일해 온 후배들과 비교하면 타이틀만 화려했을 뿐, 실제 업무에서는 그저 신입이나 다름없었다.

보고서 작성에서부터, 유관 부서에 이메일을 보내는 법, 임원들과의 커뮤니케이션, 경영진 보고까지 내가 부족한 부분이 너무 많았다. 그래서 **열린 마음으로 내가 부족한 부분을 인정**하고, 관련 업무에 대한 경험이 많은 후배들에게 배우기 시작했다. 나는 **겸손한 마음으로 배우겠다는 자세**로, 업무를 하나하나 익혀 나갔다. 특정 후배에게는 나의 실질적인 사수라고 공공연하게 언급하면서 물어보고 밤을 새워 고민하며 6개월 동안은 쉴 틈 없이 야근을 하며 기본기를 익혔다.

만약 그때 내가 내 자존심만 고집하고, 내가 아는 경험과 지식만으로 팀을 리딩하려고 했다면, 많은 어려움과 반대에 부딪히고 적응하지 못했을 것이다. 하지만 나는 부족한 부분을 과감히 인정하고 배웠기 때문에 비교적 짧은 시간에 기본기를 쌓을 수 있었고, 시간이 지나자 내가 가지고 있던 외국어 실력과 문제 해결 역량을 접목해 팀원들이 어려워하던 대외 협력 업무에서 성과를 낼 수 있었다.

**자신의 자존심만을 지키며 모르는 것을 아는 척하거나, 고정된 프레임에 갇혀 있는 대신, 부족한 부분을 인정하고 후배에게도 배울 수 있다는 자세**를 가질 때, 지금보다 2배, 3배 더 큰 역량을 쌓을 수 있다는 점을 기억했으면 한다.

## ✅ 실천 방안

1. **자신의 부족함을 인정해 보기.** 잘 모르는 부분이 있을 때, 후배나 동료에게 물어보는 것을 두려워하지 말자. 이를 통해 더 빠르게 성장할 수 있다.

2. **후배들을 통해 새로운 것 배워 보기.** 업무 효율을 높여 주는 최신 AI 툴은 후배들이 더 잘 쓰는 경우가 많다. 적극적으로 배워 보자.

3. **자신의 기존 역량과 새로운 지식을 접목하기.** 자신의 역량에 새롭게 배운 지식을 결합해 보자.

# 04
# 계획을 세우고 실행할 수 있는 툴을 익혀라

#계획 #관리 #효율성 #실행력

회사마다 제공하는 시스템이 다르고, 개인의 스타일에 따라 선호하는 방식도 다르기 때문에 특정 업무 계획 툴을 사용하라고 권장하는 것은 어렵다. 하지만 **어떤 툴을 왜 사용해 왔고, 업무 측면에서 어떤 도움이 되었는지**를 공유하면 좋을 것 같다. 내가 업무 관리를 위해 사용해 온 툴과 그 활용 방식을 통해, **효율적인 업무 관리 방법**에 대해 이야기해 보겠다.

대학원 시절부터 나는 MS 아웃룩 캘린더를 활용해 업무 계획을 세웠다. 그 당시에는 스마트폰이 없었고, 하루 대부분의 일을 컴퓨터 앞에서 해결했기 때문에 다이어리 대신 아웃룩으로 업무를 관리하는 것이 편리했다. 아웃룩의 가장 큰 장점은 이메일과 캘린더를 동시에 확인할 수 있고, 할 일도 함께 관리할 수 있는 통합 시스템이라는 점이다. 메일을 확인하며 세미나 일정을 준비하는 스케줄을 순차적으로 캘린더에 반영하기도 하고, 해야 할 일을 리스트업 해서 일정을 관리했다.

회사에 입사한 후에도 회사에서 제공하는 웹 기반 메일관리 프로그램이 있었지만, 나는 대학원 때부터 사용해 온 익숙한 아웃룩을 계속해서 사용했다. 다만, 그 당시 아웃룩에는 클라우드 기능이 없었기 때문에 외부 미팅이나 중요한 내용을 기록해야 할 때는 업무 수첩을 병행해야 했다. 또한, 탁상 달력을 함께 사용하여 한눈에 중요한 일정은 확인할 수 있도록 했다. 업무 수첩과 달력의 장점은 항상 손쉽게 꺼내어 기록할 수 있고, 오프라인에서도 일정을 바로 확인할 수 있다는 점이었다. 하지만 **아날로그 방식의 기록은 이전의 생각이나 고민들을 쉽게 재활용하기 어렵고, 시간이 지나면 사라지는 한계**가 있었다.

스마트폰, 태블릿, 노트북이 대중화되면서, 나는 회의, 생각, 고민들을 디지털화하여 클라우드에 저장하기 시작했다. **디지털 관리의 장점은 과거의 회의 자료나 세미나 노하우를 손쉽게 검색하고, 재활용할 수 있다는 점이다.** 간단한 검색으로 필요한 자료를 찾을 수 있어 업무 효율이 크게 향상되었다.

현재 나는 **구글 메일/캘린더, 노션**을 함께 활용해 계획과 실행을 관리하고 있다. 구글 메일과 캘린더가 잘 연동되어 메일상의 일정이 자동으로 캘린더에 반영되는 기능이 참 유용하다. 오랫동안 이런 캘린더로 할 일과 일정 관리를 해 오다 보니, 이제는 별도의 To-do 리스트는 만들지 않고, **해야 할 일은 바로 캘린더에 반영**하는 식으로 관리

한다. 우선순위가 높은 일은 **앞 시간대에** 배치하고, 중요도가 낮은 일은 **늦은 시간이나 다음 날 또는 다른 날 일정에** 반영해 처리한다.

**노션**은 주로 **기록 및 목표 관리**에 활용하며, **개인적인 글쓰기나 정보 정리** 용도로도 많이 사용한다. 지금 쓰고 있는 이 글도 노션에 틈틈이 써 둔 글들을 정리하면서 목차를 정하고 책으로 묶을 수 있도록 기획하고 작성한 것이다. 매일 매일의 루틴 체크리스트와 사명서, 기도 제목, 개인적인 꿈과 연간 목표도 체크리스트로 정리해 두고 필요한 부분은 업데이트하며 활용하고 있다. 이 툴의 가장 큰 장점은 직관적이고 유연한 구성으로, 분야별로 구분이 가능하고 여러 사람들과 쉽게 공유할 수 있어 협업에 매우 유용하다는 점이다.

물론, 이렇게 일정이나 목표 관리를 위해 툴을 사용하는 데는 시간과 노력이 필요하다. 처음에는 새로운 툴을 익히는 데 시간이 들고, 오히려 비효율적이라고 느낄 수도 있다. 하지만 한번 익숙해지면 시간 관리를 효율적으로 할 수 있고, 업무에서 중요한 일들을 놓치지 않게 되며, 자신의 작업 이력과 발전 과정을 체계적으로 기록할 수 있다. 중요한 것은 각자의 업무 스타일에 맞지 툴을 꾸준히 활용하면서 자신만의 방법으로 최적화하는 것이다.

주니어 시기에 **일찍부터 이런 일정/목표 관리 툴을 익혀 나가면, 회사와 개인의 목표를 빠르게 달성하면서 자신만의 활용 노하우를 구축**하는 데 큰 도움이 될 것이다.

## ✅ 실천 방안

1. **주변 동료들이 사용하고 있는 툴 조사해 보기.** 아는 만큼 보이는 법이다. 후배, 동료, 선배들이 사용하고 있는 툴들을 조사해 보고, 어떤 장단점들이 있는지 직접 확인해 보자.

2. **본인에게 맞는 툴을 정하고 한 달간 사용하기.** 조사가 되었다면, 한 가지 툴을 정해서 한 달간 꾸준히 사용해 보자. 그리고 사용하기 전과 후에 어떤 점들이 변화되었는지 꼭 점검해 보자.

3. **지금부터 모든 기록은 디지털로 바꾸기.** 여전히 업무수첩을 들고 다니는가? 이제는 패드나 휴대폰 노트북을 이용해 모든 기록을 디지털화해 보자. 10년 뒤에도 현재의 일상과 생각을 생생히 기억할 수 있다.

## 05
# 영어회화만큼은 꾸준히 해라

**#영어 #기회 #준비 #시간**

업무에서 영어를 잘 사용하지 않는 직장인들 중에는 '왜 영어를 공부해야 하는지 모르겠다.'고 이야기하는 경우를 자주 본다. 물론 각자가 추구하는 성장의 목표에 따라 다를 수 있지만, 나는 이제 **많은 회사들이 글로벌화된 상황에서 영어는 평생 따라다니는 직장인들의 필수 역량**임을 강조하고 싶다. 외국어는 단기간에 습득되는 것이 아니며, 그 환경에 자신을 푹 빠뜨리고 꾸준히 노출되는 과정을 통해 자연스럽게 익숙해지기까지 오랜 시간이 필요하다. 그렇기 때문에 가능하면 어릴 때부터 영어에 대한 노출이 중요하며, 이미 늦었다고 생각한다면 **지금이라도 부족하다는 것을 인정하고 꾸준히 연습해 나가야 한다.**

특히 한국 기업에서 영어를 잘하면 다른 업두 능력이 다소 부족하더라도 높은 평가를 받는 경우가 많다. 그만큼 한국 직장인들의 평균적인 영어회화 역량이 부족하기 때문에, 어느 정도 회화 능력을 갖춘 직장인은 상대적으로 더 좋은 평가를 받는다. **영어가 단순한 언어 능력을 넘어, 더 많은 기회를 창출하는 도구로 작용하는 이유다.**

나는 회사에 입사한 초기부터 새벽반 혹은 저녁반 영어회화 학원을 다니기 시작했다. 처음에는 초중급 수준으로 시작했는데, 함께 공부했던 동기 중에 우연히 직장 선배들이 있었고, 그들 중 3명은 나중에 상무, 전무, 부사장으로 승진했다. 물론 그들의 승진이 단지 영어 때문만은 아니겠지만, 영어 역량이 성장 과정에서 중요한 역할을 했을 것이라고 믿어 의심치 않는다. 나 역시 이직하면서 영어 소통 역량이 중요한 조직의 상무로 승진했기 때문에, 젊은 시절부터 영어에 대한 관심과 자기 개발이 결국 커리어에 긍정적인 영향을 미쳤다는 생각을 한다.

신입사원 시절, 영어학원 새벽반을 다니면서, 영어 문장을 암기해 오는 숙제가 있었다. 시간을 아끼고자 출근길에 교재를 펼쳐 영어 문장을 중얼거리며 걷곤 했는데, 그 모습을 일찍 출근하시는 임원분들께 여러 번 목격당해 '저 녀석은 걸으면서도 영어책을 읽으며 중얼거린다.'는 소문이 나기도 했다. 또 한 번은 회식 자리에서 선배들이 주는 술을 너무 많이 마신 후 기억을 잃어버린 경험이 있다. 다음 날 출근하자 많은 분들이 웃으며 괜찮냐고 물어봤다. 알고 보니 전날 취한 채로 계속 **영어로 "Hey man!"을 외치며** 짧은 영어로 선배들에게 말을 걸었던 것이다. 이런 일화들이 퍼지면서 **영어를 조금 한다는 이유로 해외 엔지니어들이 방문하면 배석할 기회를 얻었고,** 선배들과의 **해외 출장 기회**도 생기게 되었다.

이런 기회들은 나에게 더 큰 에너지를 주고 영어 공부에 대한 동기부여를 해 주었으며, 이후 해외 유학을 위한 기본기를 쌓을 수 있도록 해 주었다. 실제 나이가 들어서 간 유학이었음에도 이렇게 오랜 기간 꾸준히 쌓아 온 영어회화 준비 덕분에 상대적으로 빠르게 수업에 적응할 수 있었던 것 같다.

최근에는 자연스럽게 통역과 번역을 해 주는 AI의 등장으로, 더 이상 외국어를 공부할 필요가 없다고 이야기를 하기도 한다. 물론 언젠가는 별도의 전자 장치나 조작이 필요 없이, 우리가 직접 영어로 이야기하듯이 부가적인 불편함 없이 소통할 수 있는 이상적인 환경이 실제로 올 수도 있다. 하지만 아직까지는 특정 상황과 업무를 불편함 없이 AI로 대체할 수 있는 단계는 아니라고 생각한다. 그렇기 때문에 영어를 AI 도움 없이도 할 수 있다는 사실은 여전히 나를 차별화된 인력으로 만들어 줄 것이다.

어떤 상황에 있든, 영어는 여전히 삶에 그 큰 기회를 열어 주는 중요한 도구다. '더 이상 직장 생활에 크게 영어가 도움이 안 된다.' '필요 없다.'고 말하며 자기 위안을 하는 데 머물러 있지 않기 바란다. 지금부터라도 **영어회화 역량을 꾸준히 쌓아 간다면, 더 많은 기회가 자연스럽게 찾아올 것임을 확신한다.**

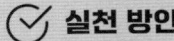 **실천 방안**

1. **매일의 일상을 영어로 표현해 보기.** 내가 매일 접하는 상황과 대화하는 내용부터 영어로 표현할 수 있도록 해 보자. 간단한 상황들을 영어로 자주 표현해 보는 연습이 가장 먼저다.

2. **ChatGPT와 영어로 대화해 보기.** 더 이상 비싼 회화학원이나 전화영어를 통해 영어를 배우지 않아도 된다. 휴대폰에 ChatGPT를 설치하고 간단한 일상 영어회화부터 시작해보자.

3. **실제 상황에서 영어를 사용할 기회를 늘려라.** 회사 내에서 해외 출장도 좋고, 외국인 접대나 미팅 등에 참여할 기회가 있다면 피하지 말고 도전해 보자. 작게라도 자주 실전 경험을 쌓는 것이 중요하다.

## 06
# 네트워킹은 진심으로 다가가라

**#네트워킹 #진심 #진정성**

직장 내에서 네트워킹을 잘해 두면 일이 훨씬 원활하게 진행되는 경우가 많다. 사실 직장뿐만 아니라 사회에서도, 알게 모르게 주변 사람들의 도움을 받게 되는 순간이 많다. 그래서 평소에 좋은 관계를 맺어 두는 것이 중요하다. 그러나 **도움을 받을 목적만으로 관계를 맺어서는 안 된다.** 관계의 소중함과 행복감에 집중하는 것이 더 바람직하다. 목적을 가지고 관계를 맺는 경우에는 아무래도 순수함이 떨어지고 의존적인 관계가 되거나, 그 관계가 일방적이어서 만나도 편치 않고 오래가지 못했던 것 같다. **관계 자체에 의미를 두고 진심으로 다가가는 것이 중요하다.**

S전자 시절 외부 컨설팅 업체와 프로젝트를 진행하면서, 성실하게 경영진 보고까지 마무리해 준 디렉터에게 고마움을 표시하기 위

해 좋은 식당을 예약하고 함께 저녁을 먹었다. 그 디렉터는 프로젝트가 끝났음에도 클라이언트인 내가 식사를 사며 사심 없이 다가오자, 고마움을 표현했고 우리는 서로 마음을 열고 취미와 여행 경험 등을 나누며 편안한 사이가 되었다.

그 이후 해당 디렉터는 내가 필요하지만 얻기 어려운 업계 주요 정보를 종종 공유해 주며 업무에 많은 도움을 주었다. 어떻게 보면 프로젝트 이후, 인연이 끝날 수도 있는 사람에게 마음을 열고 다가가서 귀한 인연이 되었기에 **진심으로 다가가는 네트워킹의 중요성에 대해 많은 생각을 할 수 있었다.**

또 한 사례로, S전자 그룹장 시절 사내 유사 조직의 그룹장들과의 모임을 주선해서 정기적으로 식사하는 자리를 만들었던 적이 있다. 그룹장들이 겪는 상하관계, 그리고 업무 어려움에 대해 이야기하면서 동질감을 느낄 수 있는 자리가 있었으면 좋겠다는 생각이었다. 꾸준히 만남을 이어 오면서, **서로 인간적으로 친해지게 되었고 어려움이 있을 때 의지하고 물어볼 수 있는 사이가 되었다.** 그러자 실제 업무적으로도 많은 도움이 되었다. 사업부의 주요 이슈/정보들을 관련 그룹장들을 통해 빠르게 파악해 경영진에 보고하고, 상호 협의가 필요한 일도 사전에 조율하는 일들을 수월하게 할 수 있었다.

혹시 지금 주변에 인간적으로 다가가고 좋은 관계를 유지하고 싶은 사람이 있다면, 진정성을 가지고 사람 자체에 관심을 기울이며 관계를 맺어 보자. 처음에는 가벼운 대화로 시작하되, **공통의 관심사나 내가 줄 수 있는 도움이 무엇인지 고민하며 진심으로 다가간다면**

그 관계 속에서 행복을 찾을 수 있을 것이다. 나아가 도움을 받을 기회도 자연스럽게 열릴 것이다.

 **실천 방안**

1. **친해지고 싶은 사람과 가벼운 만남하기.** 직장 내에서 친해지고 싶은 사람을 적어 보자. 부담 없이 가볍게 커피나 식사 약속으로 시작하자.

2. **도움을 주는 관계를 먼저 만들어라.** 상대방에게 작은 일이라도 도움을 주면 자연스럽게 더 큰 신뢰와 관계가 쌓이게 된다.

3. **주기적으로 만남을 이어 가라.** 일 년에 두 번만 만나도 친해진다는 말을 기억하자. 만나기 어려운 상대라면 가끔이라도 소식을 전해 보자.

# 07

# 반도체인의 신조에서 배워라

**#반도체 #신조 #배울 점**

    S전자 반도체인의 신조에 대해 들어 본 적이 있는가? 이 신조는 1983년 반도체 사업을 시작할 때, 막막한 상황에서 묵묵히 목표를 달성해 나가던 임직원들이 삶의 지침으로 삼았던 것이다. 2015년부터는 다시 이 신조를 회의 전에 외치며 시작하곤 했는데, 처음에는 이를 올드하다고 여기는 직원들의 불만도 많았다. 그러나 이 신조에는 **성공의 경영 철학과 삶의 태도**가 담겨 있어, 긍정적인 시각으로 바라본다면 배울 점이 많다.

    첫 번째 신조는 **'안 된다는 생각을 버려라.'**로, 상황을 긍정적으로 바라보는 태도를 강조한다. 이병철 회장이 반도체 국산화를 선언했을 때, 많은 이들이 초기 투자비와 기술력 부족을 이유로 반대했다고 한다. 만약 그때 '안 된다.'는 생각에 머물렀다면, 지금의 세계 1위 메모리 반도체 신화는 없었을 것이다. 업무를 할 때, 안 된다고 생각하기보다는 **'어떻게 하면 가능할까?' '안 되는 이유들을 어떻게 제거해 갈 수 있을까?'**를 고민한다면, 남들이 안 된다고 쳐다보지 않은 곳에서 의미 있는 성공을 거둘 수 있으리라 생각한다.

두 번째는 **'큰 목표를 가져라.'**로, 이는 비전과 도전에 대한 이야기다. S전자 시절 대표이사를 포함해 경영진들은 목표를 항상 크고 높게 잡았다. 반도체 미세 공정의 난이도를 알면서도 그 한계를 넘어서기 위해 각 조직들에게 최고의 가능성들을 첼린지하는 문화가 있었다. 그렇게 큰 목표로 달려가면 조금 떨어진다고 하더라도 어느 수준까지는 확보가 가능하고, 또 그 목표를 미리 달성하게 되면 차세대 기술을 현세대에 적용하기도 했다. 과감한 목표 설정은 최고를 향한 도전 측면에서 그 역량을 키워 갈 수 있기에 조직 차원의 큰 비전을 갖는 것은 항상 고민할 가치가 있다.

세 번째는 **'일에 착수하면 물고 늘어져라.'**로, 집념과 끈기의 중요성을 강조한다. 가끔 신입 인력이나 경험이 부족한 이들은 조금 일을 해 보다가 안 되면 여러 가지 핑계를 대면서 힘들다고 이야기한다. 하지만 근성이 있는 인력들은 상황은 좋지 않지만 한번 해 보겠다고 하고, 본인의 영역 외에서 도움이 필요한 부분들을 언급하고 협조를 구한다. 그것은 비용이 될 수 있고, 유관부서의 도움이 될 수도 있다. **끝까지 되는 방향을 고민하고 찾아내는 끈기**가 일의 완성도 차이를 만들어 내고, 이런 친구들은 윗사람들이 더욱 신뢰하게 된다.

네 번째 신조는 **'지나칠 정도로 정성을 다하라.'**이다. 앞서 업무 태도에서 언급했던 '작은 일에도 정성을 다해라'와 일맥 상통하는 신조인데, 이 정도면 되겠지 하고 멈추지 말고 좀 더 세심하게 들여다보고, 남들이 보지 못하는 부분까지도 신경을 쓰면 그 차이가 분명해진다. S전자 시절 다섯 번까지 파고들어 질문해도 답변할 수 있게 디테일을 철저하게 파악해 두라는 말을 많이 들었다. 일을 할 때 한계를 정해 두기보다는, 한 스텝 더 나아가 고민하고 챙겨 보는 습관을 들인다면 **남들과 차별화된 역량**을 가져갈 수 있다.

다섯 번째는 '**이유를 찾기 전에 자신 속의 원인을 찾아라.**'로, 자기반성을 통한 개선을 강조한다. 일이 잘되지 않을 때, 어느 부서에서 협조가 안 되어 업무가 안 되고, 누구 때문에 일이 안 되고 하는 말을 많이 듣는다. 특정 인물의 성격이 나빠서, 특정 부서의 분위기가 좋지 않아서 업무가 안 된다고 투덜대기보다는 내 잘못은 없는지, 우리 부서가 개선하고 바뀔 부분은 없는지 고민하고 반성해 보자. 거기서부터 실마리를 찾고 개선해 가면서 일이 되는 방향으로 고민해 간다면 주변에서도 그 진심을 알아주고 함께 변화해 줄 것이다.

여섯 번째 신조는 '**겸손하고 친절하게 행동하라.**'이다. 리더십의 기본은 **인격적인 존중과 겸손함**이다. S전자에서도 직급이 높은 고위 임원들일수록 청소하는 여사님을 존중하고 인격적으로 대하는 경우를 많이 봐 왔다. 인사도 먼저 건네고 존중해 주는 그 기본이 되는 인성이 결국 리더십의 차이를 만들어 낸다. 아랫사람이라고 함부로 대하거나 본인의 권위를 이용하여 의견을 무시하고 독단적으로 행동한다면, 겉으로는 따르는 척을 하더라도, 진심으로 존경해서 따라오지는 않는다. 조직 내외적으로 겸손하고 친절하게 행동한다면, 이러한 존중은 결국 나에게로 돌아온다는 것을 경험하게 될 것이다.

일곱 번째는 '**서적을 읽고 자료를 뒤지고 기록을 남겨라.**'로, 배움과 열정을 강조한다. 어떤 일이 주어지면, 본인의 경험, 알고 있는 배경지식에 의존하여 고민하고 방향을 정하는 경우가 많다. 하지만 조금만 신경 쓰면 필요한 정보를 모으고 분석해서 더 나은 의사결정을 할 수 있다. 평소에 여러 정보채널을 들여다보고, 적절한 정보의 위치와 전문가들을 미리 파악해 두면 훨씬 신속하고 정확한 의사결정을 할 수 있다. 그리고 기록에 대한 부분도 중요한데, **경험은 기록을 통해 객관화되고 개선될 수 있다.** 본인의 업무 경험을 기록하고 고민하고 개선해 나가기 위해 노력해 보자.

여덟 번째 신조는 '**무엇이든 숫자로 파악하라.**'이다. 명확한 근거와 데이터를 가지고 일하라는 말이다. 어떤 주장을 할 때, **숫자로 제시하면 신뢰도가 높아진다.** S전자 시절 반도체부문 경영진들은 이 신조를 많이 언급하면서 자료 준비 시 수치를 요구하는 경우가 많았다. 실제 나도 대표이사/경영진 보고 자료에 항상 수치를 포함해서 근거자료를 준비했던 경험이 있다. 확실히 수치로 표현하면 구체적이고, 고민한 흔적이 보이고, 데이터에 근거해서 현 수준을 측정하기 때문에 객관화가 용이하다. 주장을 할 때에는 숫자를 근거를 제시하면서 자료를 만들어 보자.

아홉 번째 신조는 '**철저하게 습득하고 지시하고 확인하라.**'로, 철저한 리스크 관리와 확인 절차를 강조한다. 주간 단위, 월간 단위로 진행 상황을 챙긴다. 고위 경영진일수록 전체적인 상황과 리스크를 철저하게 질문을 통해 파악하고 필요한 업무를 지시한다. 언제 어떤 근거로 지시사항이 완료되었는지를 확인하면서 꼼꼼하게 챙긴다.

리더의 역할은 업무를 시스템화하고 유지하고 확장해 나가는 것이며, 이것이 **효율적인 시스템 구축**의 기초가 된다.

마지막 신조는 '**항상 생각하고 연구해서 신념을 가져라.**'이다. 자신의 믿음을 가지기 위해서는 **깊은 고민과 공부가 필요**하다. 본인 스스로가 납득이 되어야 당당하게 남을 설득할 수 있다. 그리고 이를 위해서는 해당 분야에 대해 공부하고 몰입해서 누구보다도 더 많은 논리로 무장하고 스스로 신념을 가지고 있어야 한다. 꾸준한 공부와 한 분야에서의 오랜 경험을 통해 형성된 신념은 남들과 차별화된 자신감 있는 리더십을 만들어 낼 수 있다.

>  **실천 방안**
>
> 1. **가장 와닿는 3가지 신조 선정하기.** 10가지 신조 중에서 자신에게 가장 의미가 있고 현재 업무와 성장에 도움이 될 3가지를 선택해 보자.
>
> 2. **선정한 신조를 매일 업무 시작 전에 읽어 보기.** 매일 아침 업무를 시작하기 전 스스로에게 상기시키며, 그날의 행동 지침으로 삼아 보자.
>
> 3. **정기적으로 실천한 행동 점검해 보기.** 1주일, 한 달, 1년 동안 자신이 선정한 신조를 실제로 얼마나 실천했고, 어떤 변화를 맞이했는지 점검해 보자.

## 08
# 다양한 멘토에게서 배워라

**#멘토 #영감 #배울 점**

　이제는 나이가 많다고 해서 더 많은 정보와 경험을 앞세워 전문가로 대접받는 시대는 지났다. 예전에는 나이와 경력이 곧 권위와 지식을 의미했지만, 이제는 정보 습득의 방식이 근본적으로 변화했다. 과거에는 책이라는 아날로그 방식이 주요한 정보 습득 수단이었다면, 오늘날에는 디지털 콘텐츠가 그 자리를 차지하고 있다. 유튜브, 블로그, 온라인 강의 등으로 언제 어디서든지 필요한 정보를 손쉽게 습득할 수 있다. 그 결과 오히려 젊은 세대가 빠르게 정보를 습득하고, 특정 분야에서 더 높은 전문성을 갖추게 되었다.

　그런 이유 때문일까? 가끔 후배들과 대화를 나누다 보면, **회사에 배울 만한 선배 멘토가 없다는** 불만을 듣곤 한다. 회사 내에서 배울 만한 사람을 찾기 어렵다고 말하는 것이다. 그럴 때 나는 **멘토를 꼭**

**회사 내에서만 찾을 필요가 없다고** 조언을 해 준다. 사실, 우리가 사는 이 시대는 배움의 경계를 넘을 수 있는 도구들이 넘쳐난다. 나에게 중요한 가르침을 주는 책의 저자, 유튜브에서 영감을 주는 인플루언서들, 각종 플랫폼에서 활동하는 다양한 전문가들이 곧 우리의 멘토가 될 수 있다.

이렇게 책이나 유튜브 속 유명한 사람들을 멘토로 삼으면, 그들의 말이나 글 속에서 배울 점을 찾으려고 더 깊이 고민하게 된다. 그리고 그들의 한 마디, 한 구절이 내 삶에 영향을 주고, 내가 어떻게 행동해야 할지를 알려 주는 중요한 나침반이 되어 준다.

나는 우선 책을 통해 여러 멘토들을 얻었다. 일본의 경영의 신 **이나모리 가즈오** 회장의 『아메바 경영』은 **올바른 경영자의 마음가짐**이 무엇인지를 일깨워 주었고, 삼성그룹 **이건희** 회장의 『이건희 에세이』는 **세계 일류가 되기 위한 통찰력과 경영 철학**을 배울 수 있게 해 주었다. 19세에 **인생 50년 계획**을 세우며, 오르고 싶은 산을 정하면 인생의 반은 결정된 것이라고 했던 **손정의 회장**의 말도 나에게 큰 영감을 주었다. 또한, 세상을 바꾸겠다는 **원대한 꿈**을 품고 행동한 **일론 머스크**, 고객의 가치를 최우선으로 생각하며 경쟁보다는 **고객 중심적 경영**을 펼친 **제프 베조스**, 리더로서 불합리한 것을 제거하고 **후임을 양성**하는 데 힘썼던 **잭 웰치**, **스토리텔링의 귀재**로 불리며 세상을 변화시킨 **스티브 잡스** 모두 나의 멘토가 되었다.

이뿐만이 아니다. 요즘에는 유튜브를 통해 많은 영감을 얻고 있다. 열린 대학을 통해 사람들에게 **영감을 주는 김미경 님**, 사장을 가르치는 열정과 에너지 넘치는 **김승호 회장**, 『웰씽킹』의 저자이자 캘리 유튜브 채널을 운영하는 **캘리 최 님**, 그리고 성공한 인물들과의 인터뷰를 통해 삶의 지혜를 나누는 여러 유투버들까지, 그들의 이야기를 듣고 배워 가는 과정에서 나 스스로도 성장할 수 있었다.

이렇듯 멘토는 반드시 가까이에 있어야단 하는 것이 아니다. 그리고 한정된 공간에서만 만나는 사람도 아니다. 책과 영상, 다양한 콘텐츠를 통해 나에게 영감을 주는 사람이 있다면, 그들은 모두 나의 멘토가 될 수 있다.

여러분도 주저하지 말고 자신만의 멘토를 찾고, 그들의 지혜를 흡수해 보길 바란다. 멘토가 많으면 많을수록 삶은 더욱 풍요로워지고 성장의 기회도 넓어질 것이다. 이렇게 다양한 영역에서 자신이 좋아하고 존경하는 사람들을 멘토로 삼고, 그들의 사고방식을 배우면 어느 순간 나만의 스토리가 생기기 시작한다. 그리고 그 스토리가 쌓이다 보면, 머지않아 여러분도 누군가에게 영감을 주는 멘토가 될 수 있을 것이다.

내가 이 글을 쓰는 이유도 바로 그 때문이다. 내가 겪은 경험, 내가 배운 것들이 **이 글을 읽는 분들에게도 작은 도움이 되고, 누군가에게는 멘토의 역할을 할 수 있다면** 하는 바람을 가져 본다.

## ✓ 실천 방안

1. **삶에 영향을 준 멘토를 적어 보기.** 살아오면서 내 삶에 많은 영향을 준 인물들을 떠올려 보자. 부모님, 선생님, 친구, 선후배 등 생각나는 인물들을 적어 보자.

2. **멘토들을 통해 얻은 교훈 정리해 보기.** 그들을 통해 내가 얻었던 교훈은 무엇이었는지 돌아보고 정리해 보자.

3. **정리한 교훈을 실생활에 적용해 보기.** 그 교훈을 업무와 일상에서 실행할 수 있는 실천 방안을 정리해 보자. 그리고 한 달간 실행해 보자.

# 09
# 7가지 보고의 원칙 by 남충희

#보고 #원칙 #남충희

　직장 생활을 하는 후배들에게 추천하는 책 중 하나가 『7가지 보고의 원칙』이다. 이 책은 스탠퍼드대학교의 같은 과 선배이기도 한 남충희 교수님의 저서로, 스탠퍼드대학교 교수, 기업 고위 임원, 국책 자문위원, 그리고 정무 경험 등을 쌓아오면서 얻은 보고의 노하우를 재미있고 실용적으로 풀어낸 책이다. 보고의 핵심 원칙들을 경험 사례와 함께 설명하고 있어 쉽게 읽히면서도 큰 배움을 준다. 여기서는 그 7가지 원칙을 나의 경험에 비추어 간단히 살펴보고자 한다. 가급적 시간을 내어 **직접 책을 읽어 보는 것**을 권한다.

　**첫 번째는 고객 지향의 원칙**이다. 보고는 받는 사람이 누구냐에 따라 내용과 방향이 달라져야 한다. 최고 경영자에게 보고할 때와 직속 상사에게 보고할 때의 핵심 포인트는 다르다. 직속 상사에게는 구체적인 내용을 포함하여 피드백을 받을 수 있는 보고가 필요하지만, 최고 경영자에게는 간결하고 중요한 의사결정 사항만을 중심으로 보고해야 한다. 무엇보다 중요한 것은, **본인이 하고 싶은 말을 하는 것이 아니라, 보고를 받는 사람이 궁금해하는 내용**을 담아야 한다는 점이다.

**두 번째는 구조적 사고의 원칙**이다. 보고서를 작성할 때 가장 중요한 것은 구조를 잡는 일이다. **어떤 내용이든 처음부터 명확한 구조를 가지고 접근해야 한다.** 예를 들어, 사고 보고서라면, 사고의 발생 경위를 육하원칙에 따라 정확하게 기술하고, 원인에 대해 명확한 근거와 분석을 제시해야 한다. 그리고 그 원인을 해결할 수 있는 근본적인 대책을 수립하여 향후 재발 방지 계획을 담는 것이 구조적인 보고의 핵심이다. 개선 방안을 제시하는 보고서라면 현재의 문제나 이슈를 먼저 명확하게 정의하고, 그 문제를 해결할 수 있는 여러 방안을 나열한 후, 각 방안의 장단점을 분석한 뒤 우선순위를 매겨 최선의 해결책을 제시하는 방식으로 구조를 잡아야 한다. 개선 전후의 차이를 명확하게 비교해, 무엇이 어떻게 바뀌는지, 그로 인해 얻을 수 있는 구체적인 효과가 무엇인지를 수치로 제시하는 것이다.

**세 번째는 두괄식 표현의 원칙**이다. 많은 경우, 특히 일이 잘 안 됐을 때 보고자는 결론을 미루고 자기가 해왔던 노력들을 설명하려는 경향이 있다. 하지만 보고를 받는 사람은 결국 결론부터 알고 싶어 한다. 그래서 첫 문장에서 **결론을 먼저 제시하고, 그 결론을 뒷받침할 근거와 설명을 논리적으로 풀어 가는 방식이 훨씬 효과적**이다.

**네 번째는 미래 지향성의 원칙**이다. 단순히 사실만 나열하는 보고서는 감동을 주기 어렵다. **보고서에는 자신의 생각과 의견을 담아, 장기적으로 어떤 방향으로 가야 할지에 대한 제안을 포함해야 한다.** 현재 상황에서 최선의 방안은 무엇인지, 더 나아가 장기적으로 고려해야 할 조직의 방향성에 대한 메시지를 전달하면 보고를 받는 사람에게 깊은 인상을 줄 수 있다.

**다섯 번째는 건의형의 원칙이다.** 보고할 때 여러 옵션을 제시하면서 결정을 떠넘기는 방식으로 하는 경우가 많다. 하지만 각 옵션의 장단점을 명확히 비교하고, 그중에서 가장 적절한 방안을 추천하는 것이 올바른 보고 방식이다. 물론 **최종 결정은 경영진이 내리지만, 추천 의견을 제시하는 책임감 있는 보고가 신뢰를 준다.**

**여섯 번째는 적극성의 원칙이다.** 보고자는 상사의 지시를 명확히 이해하고, 그 지시의 불완전한 부분을 보완하는 자세를 가져야 한다. 또한 보고 과정에서 중간에 적극적으로 사전 보고를 하여 기대치를 충족시키고 있는지 확인하는 것이 중요하다. **자신감과 적극성을 바탕으로 상사의 피드백을 반영하면서 보고의 완성도를 높여야 한다.**

**마지막으로는 조심성의 원칙이다.** 보고할 때 적극성은 중요하지만, 그로 인해 **상사의 권위를 훼손하거나 도전하는 발언을 해서는 안 된다.** 공식적인 자리에서는 상사를 세워 주고 존중하는 태도를 유지하면, 상사는 더욱 배려하고 칭찬하게 된다. 지나친 교만은 직장 생활에서 피해야 할 덕목이다.

이 7가지 원칙은 보고서 작성뿐만 아니라 **직장 생활 전반에서의 태도에도 큰 도움을 주었다.** 후배들에게 이 원칙을 추천하는 이유는, 나 역시 이러한 원칙을 실천하면서 많은 배움과 성과를 얻었기 때문이다. 여러분도 이 원칙들을 적극적으로 적용해 보고, 보고의 질을 높이며 더 효율적인 커뮤니케이션을 할 수 있기를 바란다.

>  **실천 방안**
>
> 1. **목적에 맞는 보고서 양식 구하기.** 회사, 부서 내 작성된 보고서를 수집하고, 목적별로 구분해 향후 보고서 양식으로 활용해 보자.
> 2. **결론부터 먼저 말하는 연습하기.** 보고서를 작성하거나 구두 보고를 할 때, 항상 결론을 먼저 말하고 근거를 제시하는 방식을 연습하자.
> 3. **업무 개선 보고서 작성하기.** 현재 맡고 있는 업무에서 개선이 필요한 부분을 찾아내고, 이를 해결할 수 있는 방안을 정리해 보자.

# 10
# 일생에 한번은 고수를 만나라 by 한근태

**#고수 #배움 #한근태**

한근태 대표는 이전 직장에서 강의를 통해 우연히 알게 되었다. 그때 당시 젊은 강사분이 오셔서 어떤 이야기를 풀어 갈지 궁금했는데, 자연스럽게 그의 말에 빠져들었던 기억이 생생하다. 그는 대기업 임원으로서 성공한 후 퇴임 후에도 컨설팅을 하며 여러 고수들과의 만남을 통해 쌓은 경험을 바탕으로 책 『일생에 한번은 고수를 만나라』를 썼다.

직장 생활을 하면서 진정한 고수를 만나는 것은 참 즐거운 경험이다. 그렇다면 고수의 반열에 오르기 위해 우리는 어떤 노력을 해야 할까? 여기에서는 내가 직장에서 만난 고수들의 특징을 책의 내용과 연결해 소개하고자 한다. 더 깊이 있는 내용을 접하기 위해 책을 직접 읽어 보길 권한다.

첫 번째로, **고수로 가는 길은 험난하다.** 고수들은 살아남기 위한 절실함을 가지고 수없이 노력하다 보니 어느새 고수의 반열에 오르게 된 경우가 많다. 마치 '1만 시간의 법칙'처럼 험난한 길을 꾸준히 걸으면서 노력과 축적의 시간이 있어야 하고, 이를 통해 자신감을 얻게 되는 것이다. 고수가 되기 위해서는 자신만의 주특기를 찾아 끊임없이 연마하고, 그 분야에서 독보적인 위치를 확보해야 한다. 가끔은 대기업에서도 임원으로의 자질은 부족하지만 함께 일하는 부서원들이 잘해서 운이 좋게 임원이 된 사람들도 있는데, 결국 오래 가지 못했다. **진정한 고수는 자신만의 전문성을 통해 자신만의 길을 개척하는 사람**이다.

두 번째로, **고수들은 어떻게 사는가**에 대한 이야기다. 고수들은 엄청난 노력의 결과로 기회를 잘 잡고, 자신이 잘하는 일에 시간과 노력을 집중한다. 그들은 최고를 지향하고, 디테일을 챙기고, 복잡한 문제를 단순화하며, 목표를 명확히 세우고 우선순위를 정한다. S전자에서도 고수로 인정받는 사람들은 **오랜 기간 한 분야에서 전문성을 쌓으며, 항상 최고를 지향**했다. 그들은 목표를 명확히 설정하고, 모든 일에 디테일을 챙기는 문화를 몸에 익혔다. 누구나 알고는 있지만 쉽게 실천하지 못하는 이러한 원칙을 꾸준히 지켜 왔기에 고수가 된 것이다.

세 번째로, **고수의 마음 관리**에 대해 살펴보자. 대기업에서 부사장까지 오른 분들과 이야기를 나눠 보면, 그들은 **호기심이 많고 긍정적인 마인드**를 가지고 있다. 현장을 방문하거나 회의를 하면서도 끊임없이 질문을 던지며, 호기심을 유지하는 것이 그들의 공통점이다.

또한 바쁜 와중에도 여유와 평정심을 유지하려고 노력하며, 큰 스트레스 속에서도 조직과 목표를 조율한다. 사실 직장인으로서 쉽지 않은 일이지만, 자신의 내면에 귀를 기울이고, 내가 진정으로 원하는 삶이 무엇인지 고민하는 시간을 가지라는 한근태 고수의 조언에도 많은 공감이 간다.

네 번째는, **고수의 생각법**이다. 고수들은 직관력을 키우기 위해 끊임없이 목표를 생각하고 고민한다. 그들의 직관력은 오랜 학습과 경험을 통해 축적되나 극히 짧은 순간에 발현될 뿐이다. 마치 평범하지 않은 아이디어와 혁신은 간절한 고민에서 탄생하는 것처럼, **고수들은 항상 세심하게 관찰하고 새로운 길을 찾기 위해 노력**한다.

마지막으로, **고수의 관계 맺기**다. 고수들은 인연을 소중히 여기고 사람 냄새 나는 관계를 중요시한다. **만남 하나하나에 진정성을 담고, 사귐에 있어 목적이 없어야 하며, 순수한 관계에서 진정한 배움과 성장**이 이루어진다. 인맥은 단순히 기회를 제공해 줄 뿐, 그 기회를 잘 활용하는 것은 본인의 역량에 달려 있다. 나는 만난 인연들을 소중히 여기며, 그들과의 관계를 감사하는 마음으로 이어 가라고 조언한다.

고수로 성장하기 위해서는 단순히 지식을 쌓는 것을 넘어 **꾸준한 노력과 마음가짐, 그리고 관계 속에서의 진정성**을 가지는 것이 중요하다. 여러분도 이러한 고수들의 삶을 통해 배움을 얻고, 각자의 길에서 고수로 자리매김할 수 있기를 바란다.

> ### ✓ 실천 방안
>
> 1. **고수가 되고 싶은 전문 분야 정하기.** 내가 가장 자신 있는 일을 적어 보고, 그 분야에서 10년 뒤 목표를 세워 보자.
>
> 2. **호기심을 가지고 질문하기.** 업무나 일상에서 작은 것이라도 호기심을 가지고 질문하며 문제를 분석하는 습관을 길러 보자.
>
> 3. **업무와 관련된 취미 갖기.** 취미를 함께하는 순수한 관계 속에서 배움과 성장을 경험해 보자. 함께하는 이들과의 만남에 진정성을 갖자.

## Part 2 요약
# 고수로 가는 업무 역량 쌓기

---

1. **성공하는 사람의 3가지 조건**
발표력, 글쓰기 능력, 소통 능력을 키워라.

2. **먼저 한 분야에서 정상에 서라**
한 분야에서 탁월함을 이루고, 그 영역에서 전문가가 되어라.

3. **모르면 후배 사원도 사수로 모셔라**
성장에 대한 열정으로 후배에게도 배움을 구하라.

4. **계획을 세우고 실행할 수 있는 툴을 익혀라**
업무 효율을 높이는 도구와 기술을 적극적으로 활용하라.

5. **영어회화만큼은 꾸준히 해라**
영어 능력은 기회를 두 배로 넓히는 중요한 자산이다.

6. **네트워킹은 진심으로 다가가라**
관계를 진심으로 맺고, 목적 없이 사람 자체에 집중하라.

7. **반도체인의 신조에서 배워라**
성공 비결을 담은 반도체 신조를 통해 근성과 디테일을 익혀라.

8. **다양한 멘토에게서 배워라**
책이나 유튜브의 인플루언서들도 멘토로 삼아 배움을 지속하라.

9. **7가지 보고의 원칙 by 남충희**
보고의 원칙을 익혀 명확하고 효과적인 커뮤니케이션을 이루어라.

10. **일생에 한번은 고수를 만나라 by 한근태**
고수들의 생각과 태도를 통해 성공의 원칙을 배워라.

Part 3

# 선배들이 신뢰하는 후배가 돼라

# 01
# 상사의 마음을 읽고 움직여라

**#한방향 #키워드 #방향 #업무방식 #고민**

선배들이 신뢰하는 후배의 조건 중 단연코 첫 번째는 본인과의 얼라인(align)을 얼마나 잘하는가이다. 이 능력은 단순히 상사의 지시에 따르는 것을 넘어, **상사가 중요하게 생각하는 가치와 목표를 이해하고 그에 맞춰 행동하는 것**을 의미한다.

상사와 얼라인하기 위해, 오랜 경험에서 비롯된 상사의 관점과 성향을 파악하는 것이 우선이다. 무엇보다 자주 만나서 이야기를 나누며 친해지고, 무엇을 중요하게 생각하는지, 어떤 성향을 가지고 있는지 관찰해야 한다. 특히, 상사가 중요하게 여기는 키워드와 가치관을 잘 이해해야 한다. 이게 선행되지 않으면 열심히 일해도 인정받기 어렵다. 게다가 잘못 얼라인한 채로 열심히 한다면 오히려 부정적인 결과를 초래할 수도 있다.

가끔 본인이 해당 분야에서 많은 경험을 가지고 있어서 더 잘 알고 있다는 생각에, 상사가 가진 경험과 전문성을 아래로 보고 선을 넘어 자신의 의견을 주장하는 후배들이 있다. 물론 그 의견이 더 훌륭하고 적절할 수도 있다. 하지만 상사 역시 다른 분야에서 오랜 경험과 전문성을 보유하고 있고, 본인이 바라보지 못하는 측면에서 여러 가지 의견을 개진할 만한 역량을 갖추고 있다는 점을 잊어서는 안 된다. 후배 사원의 충언은 상사가 사전에 충분히 자신과 얼라인되어 있다는 생각이 들고 존중받는다고 느낄 때, 마음을 열어 받아들이고, 그 진심이 효과적으로 전달된다는 점을 기억해야 한다.

S전자 시절, 고위 경영진들이 **최고 경영자와의 얼라인**을 최우선으로 생각하고 실천하는 모습을 많이 보았다. 그들은 최고 경영자가 회의석상이나 평소에 자주 언급하는 중요한 키워드를 늘 기억해 두었다. 그러고는 그 키워드를 중심으로 조직의 방향을 잡고, 보고서를 작성하고, 실행해 나갔다. **최고 경영자의 방향과 전략을 정확히 이해하고 그에 맞춰 일하는 것이 그들이 업무에서 성과를 내고 인정받는 이유** 중 하나였다. 또한, 그들은 최고 경영자가 현재 가장 고민하는 문제에 집중하고, 이를 해결하기 위해 자신들의 조직 내에서 어떤 역할을 해야 하는지, 필요하면 현재 조직의 R&R을 넘어서는 업무까지 제안하기도 했다.

성장하는 리더가 되고자 한다면, **상사와의 팔로워십(followership)**이 중요한 첫걸음임을 기억해야 한다. 상사가 중요하게 생각하는 것과 방향을 맞추기 위해 노력하는 것이 결국 더 큰 신뢰와 기회를 가져다줄 것이다.

## ✅ 실천 방안

1. **상사의 성격, 습관, 가치관 적어 보기.** 상사의 MBTI, 평소 업무와 관련한 습관, 중요하게 생각하는 가치관을 파악해 적어 보자.

2. **상사가 중요하게 생각하는 키워드 적어 보기.** 최고 경영진과 상사가 회의나 평소에 반복적으로 언급하는 키워드를 적어 보자.

3. **보고서 작성·발표 시, 상사 키워드 반영하기.** 보고서 작성 시, 해당 키워드를 반영하고, 발표 시에도 이를 적극적으로 언급해 보자.

# 02
# 열 번 찍어 안 넘어가면, 넘어갈 때까지

**#집념 #근성 #끈기 #열정 #긍정성**

한국에 '열 번 찍어 안 넘어가는 나무 없다.'는 속담이 있다. 보통 새로운 인연을 만들거나 목표를 달성하기 위해 도전할 때 쓰이는 표현이지만, 직장에서도 이 말의 의미를 자주 느낄 수 있다. 어떤 분야에서 경지에 오르기 위해서는 많은 시간과 노력, 그리고 경험이 필요하다. 그렇기에 **처음에는 실수하고, 선배들에게 꾸지람을 들으면서 배워 가는 시간이 필수다.**

하지만 이런 과정은 결코 쉽지 않다. 자존심이 상하고, 가끔은 남들과 비교하며 좌절감에 빠지게 된다. 그래서 스트레스를 받거나 자존감이 떨어져 전배나 이직을 선택하는 후배들도 많이 있다. 하지만 이 인고의 시간을 거쳐, 더 많은 노력을 통해 해당 분야의 스킬을 자신의 역량으로 만드는 것은 순전히 본인의 선택과 의지에 달려 있다.

S전자에서 근무할 때의 일이다. 어느 날 조직에 새로운 상사가 부임해 왔는데, 이분은 20년 넘게 본사 기획팀과 해외 주재원으로 근무하며 최고 경영진에게 보고를 많이 해 오던 분이었다. 그런 이유로 보고서의 포맷과 워딩에 큰 신경을 쓰는 스타일이었다. 보고서를 가져가면, 먼저 문서의 형식, 오타, 줄 간격 등을 꼼꼼하게 확인하고, 보고서의 기본 형식이 갖춰지면 그제서야 내용을 살펴보고 피드백을 해 주었다. 신임 부서장의 이런 디테일을 챙기는 모습을 보고 부서원들은 많이 힘들어했다.

부서원들의 보고서는 늘 온통 빨간 펜으로 도배가 되곤 했다. 이에 대해 후배들은 "부서장이 보고서의 내용보다 형식에만 집착한다."며 불만을 토로했고, 그중 몇몇은 결국 이 상황을 견디지 못하고 원래 부서로 돌아가기도 했다.

그런데 유독 한 후배만은 달랐다. 그는 같은 보고서를 수정하라는 지시를 열 번 넘게 받으면서도 늘 웃는 얼굴로 돌아와 피드백을 반영해 다시 수정하곤 했다. **무려 열 번 넘게 수정 지시를 해도 성실하게 받아들이고 본인 성장의 기회로 삼는 후배의 모습은 정말이지 존경심마저 들었다.** 그뿐 아니라 그 후배는 보고서 작성에 관한 책을 직접 구매해서 읽고, 관련 동영상 강의를 들으면서 자신의 부족한 역량을 메우는 데 집중했다. 그렇게 3개월 정도가 지나자, 그 후배는 마치 다른 사람이 된 듯 어떤 보고서 작성 요청에도 내용에 딱 맞는 양식으로 깔끔하게 정리해 오는 수준으로 성장해 있었다.

**그해 부서장과 나는 그 후배에게 우수한 업무 평가를 해 주었고, 성장의 기회가 있을 때마다 그 후배를 먼저 떠올리게 되었다.** 성장의 기회는 멀리 있지 않다. 지금 당장 주어진 힘든 과제나 고난조차도, 포기하지 않고 될 때까지 끊임없이 도전한다면, 열 번 찍어 안 넘어가는 나무 없듯이 그 끈기와 열정이 자신을 더 높이 성장시킬 것이다.

> ### ✓ 실천 방안
>
> 1. **성장에 필요한 부족한 역량 적어 보기.** 직무 능력 향상에 반드시 필요하나, 현재 부족한 본인의 역량을 찾아 적어 보자.
>
> 2. **부족한 역량을 강화할 수 있는 방법 찾기.** 선배, 책, 강의 등을 통해 본인의 약점을 보완할 방법을 찾아보자
>
> 3. **단기, 장기 목표를 적고 계획 세워 보기.** 3개월, 6개월, 1년 목표를 정하고 끈기 있게 도전해 보자. 시간과 노력은 배신하지 않을 것이다.

# 03

# 평범한 일도 내가 하면 다르게

#차별화 #열정

업무를 대하는 작은 태도의 변화가 큰 성장을 가져온다. 가끔 후배들과 이야기를 나누다 보면, 본인이 맡은 업무가 회사의 핵심 프로젝트가 아니라고 불평하는 경우를 종종 접한다. 화려한 스포트라이트를 받지 못하는 업무라며 스스로를 사이드성 업무 담당자라고 정의 내리고, 때문에 욕을 먹지 않을 수준에서만 일을 처리하는 모습을 본다. 그런 태도로는 진정한 성장을 기대하기 어렵다.

S전자 근무 시절, 전략기획 업무 중 '기술전' 준비 업무가 있었다. 이는 S그룹의 미래 핵심 기술을 선보이는 대규모 전시회로, 전자 CEO가 주관하고 모든 계열사의 CEO가 참석하는 중요한 행사였다. 우리 연구소는 전체 전시 부스 중 특정 기술 부문을 담당하는 큰 역할을 하고 있었지만, 담당자들은 매년 정해진 루틴에 따라 대응하며

큰 변화를 주지 않은 채 해당 업무를 처리하곤 했다. 행사 주관처 미팅에 참석하고 개발팀에 전시 아이템을 요청하는 등 정해진 일만 수행했던 것이다.

그러다 기존 담당자가 자리를 비우게 되면서 새로운 인력에게 해당 업무를 맡겨야 했다. 그때 나는 업무에 늘 적극적이고 긍정적인 태도를 보이던 K군이 적임자라 판단했고, 그에게 이 업무를 맡겼다. 그리고 제안했다. "이 업무를 맡은 만큼, 기존과는 뭔가 달라졌다는 소리를 들어 보자. 필요한 부분은 전권을 줄 테니 한번 네가 하고 싶은 대로 만들어 봐."

그렇게 K군에게 업무를 맡기자 변화의 바람이 불기 시작했다. K군은 우선적으로 전사 TF에 참석해 우리 연구소에 할당된 전시공간을 두 배로 늘렸다. 또 눈에 띄는 전시품으로 자율주행 로봇을 활용했고, 그 로봇의 시각적 효과를 최대화할 시나리오를 구상해 냈다. 전시 아이템의 배치를 3D 캐드로 디자인하여 공간감을 시뮬레이션해 보였고, **전시의 완성도를 높이기 위해 열정적으로 준비했다.**

이러한 새로운 시도와 적극적인 태도에 조직의 리더까지도 감동했다. 연구소장은 K군을 크게 칭찬하며 필요한 지원을 아끼지 않았고, 그 결과 우리 전시 공간은 가장 인기 있는 부스로 자리 잡았다. 그 덕분에 사내 방송에도 출연했고, 전사 TF와 대표이사께도 큰 칭찬을 받으며 전시회를 성공적으로 마칠 수 있었다.

만약 K군이 전임자들처럼 기존 방식대로 일을 했다면 편했을 수는 있겠지만, 특별한 보람을 느끼거나 성장의 기회를 얻지는 못했을 것이다. 하지만 관점을 달리하고 적극적으로 임했기에 업무가 즐겁고 의미 있는 경험으로 다가왔다. 더불어 그의 태도가 주변의 긍정적인 피드백을 받으며 일할 수 있는 환경을 만들었고, 이를 통해 함께 **성장했다.** 결과적으로 그해 연구소장으로부터 공로상을 받았고, 이후 S그룹의 양성 인력으로 선발되어 해외 지역 전문가로 파견되는 기회까지 얻었다.

여러분의 업무에 대한 작은 태도의 변화가, 일에 대한 열정을 불러일으키고 성장과 성공으로 이어질 수 있다. 지금 여러분의 자리에서 같은 방식으로 하고 있는 그 일을 새로운 시각으로 바라보고 열정을 다해 처리하여 가치를 높여 보는 데 도전해 보길 바란다.

> ### ✅ 실천 방안
>
> 1. **기존의 틀을 깨고 새로운 시도해 보기.** 전임자들이 해 오던 방식을 따르기보다 새로운 아이디어와 방식을 도입해 보자. 작은 변화라도 적극적으로 시도해 보고, 나만의 창의적인 해결책을 찾아보자.
> 2. **현재 업무의 가치를 새롭게 정의해 보기.** 내가 맡은 업무가 핵심 프로젝트가 아니라는 생각을 버리고, 그 가치를 높일 방법을 고민해 보자.
> 3. **새로운 업무 접근 방법 상사와 상의하기.** 본인만의 업무 접근 방식의 계획과 성과를 상사가 알 수 있도록 상의하고 피드백을 받아 보자.

## 04
# 상사가 일을 맡기면 안심하는 사람이 돼라

#신뢰 #꾸준함 #Align #안심

　어떤 일을 누군가에게 맡기면 안심이 되는 사람이 있고, 매번 확인해야 할 것 같은 불안함을 주는 사람이 있다. 안심이 되는 사람은 대개 여러 업무에서 꾸준히 합을 맞춰 본 경험이 있고, 내가 원하는 결과물을 정확하게 알고 그것을 충실하게 가져온 사람이다. 소위 말해 **서로 신뢰가 단단하게 쌓인 사람**이다. 신뢰를 형성하는 데는 시간이 필요하기 때문에 꾸준한 소통이 필수적이다. 상사의 입장에서 결과를 고민하고, 스스로 새로운 아이디어를 제시하며, 상사가 묻기 전에 진행 상황을 투명하게 공유한다면 그 신뢰는 점차 견고해진다.

　나 역시 리더로 성장하면서 맡겨진 업무를 상사의 입장에서 깊게 고민하고, 예상되는 문제점에 대한 대안을 마련해 가며 보고해 왔다. 이런 과정에서 신임 상사가 부임할 때는 특별한 노력을 다했다. 가볍게 점심을 함께 먹거나, 차를 마시며 이야기를 나누면서 상사의 생각과 철학, 중요하게 여기는 포인트를 파악하려고 했다. **특히 처음 지시받은 내용은 더 철저히 수행하며, 초기부터 신뢰관계를 구축하는 데 전력을 다했다.** 이 초기의 신뢰 구축이 앞으로의 업무 성과와 관계를 크게 좌우했기 때문이다.

실제로 나와 함께 일했던 P군의 사례를 이야기해 보자. 이제 막 파트장 역할을 시작할 때쯤, 구매팀에서 일하던 P군이 합류했다. 처음에는 구매 업무와 기획 업무의 특성이 다르다 보니 문서 작성 면에서는 아직 경험이 부족했다. 그러나 P군은 항상 긍정적이고 성실한 자세로 노력하고, 정해진 일정에 맞춰 책임감 있게 결과물을 만들어 왔다. 업무를 맡기면 처음부터 나와 자료의 방향성에 대해 적극적으로 이야기했고, 문서 작성 과정에서도 자주 피드백을 받으며 꾸준히 개선해 오곤 했다.

**그렇게 P군은 시간이 지나면서 내 생각과 원하는 결과에 자연스럽게 맞춰 가며 신뢰가 쌓이기 시작했다.** 그 누구보다도 내가 원하는 내용을 빠르게 파악해 정리해 오기 시작하니, 나도 자연스레 P군에게 더 많은 중요한 업무를 맡기게 되었고, P군에게 맡긴 업무는 늘 안심이 되었다. P군은 점점 두각을 나타내고 성장해 갔다. 10년 동안 함께 일하며 단단한 신뢰가 쌓였고, 결국 나는 P군을 후임으로 키우며 회사 양성 인력으로 추천했고, 그는 이후 파트장과 그룹장으로 성장할 수 있었다.

**당신은 상사가 일을 맡겼을 때, '안심이 되는 사람'인가?** 아니면 상사가 계속해서 확인해야 하는 '걱정이 되는 사람'인가? 지금부터라도 변화된 모습으로 상사와의 신뢰를 쌓는 일에 최선을 다해 보자.

> ✅ **실천 방안**
>
> 1. **상사의 업무 우선순위에 맞춰 신뢰 쌓기.** 상사가 중요하게 생각하는 업무 우선순위를 메모해 두고 이를 기준으로 업무를 처리해 보자.
>
> 2. **진행 상황과 문제점을 투명하게 공유하기.** 문제점이나 어려운 상황은 상사가 묻기 전에 투명하게 공유하고, 해결 방안을 미리 제시해 보자.
>
> 3. **정해진 마감일 약속 지키기.** 한두 번의 신뢰가 무너지면 회복하기 어렵다. 약속한 마감 일정 내에 반드시 업무를 완수하도록 하자.

# 05
# 상사가 고민하는 걸 함께 고민해 줘라

**#소통 #주인의식 #팔로워십**

우리는 종종 누군가 직장 내에서 승진할 때, 그 사람은 이미 승진할 자리의 역할을 해 왔기에 당연한 결과라는 이야기를 하곤 한다. 부장 직급이지만 이미 임원의 역량이나 리더십을 보여 준 사람, 전무였지만 전체 조직을 담당하는 부사장의 시각에서 조직을 이끌어 온 사람들처럼, 스스로 상위 직급의 역할을 선제적으로 수행하며 주목받는 리더들의 성공 사례를 종종 본다.

나 또한 파트장 시절부터 그룹장 관점에서 업무를 바라보려는 노력을 많이 했다. 그룹장 관점에서 일한다는 것은 먼저 그룹장이 어떤 고민과 과제를 마주하고 있는지 이해하는 것에서 시작된다. 그룹장과 함께 회의에 참석해 연구소장과 타 사업부 경영진의 이야기를 들으면서, 우리 조직 차원에서 해결해야 할 과제를 파악하고, 그에 따라 우리 그룹이 따라야 할 일들을 정리했다.

**내가 가장 먼저 실천할 수 있는 일은, 연구소장이 찾기 전에 연구소의 액션 아이템(action item)을 미리 파악하고 그룹장에게 1차 보고하는 것이었다.** 연구소장에게 먼저 선제적으로 필요한 일들을 제안하면, 그룹장은 그로 인해 연구소장에게 칭찬을 받게 되고, 자연스럽게 내가 준비한 것에 대해 감사함과 신뢰를 쌓는다. 특히 긴급하게 실행해야 할 일은 내가 미리 정리한 내용으로 바로 진행하는 경우도 있었고, 그룹장의 생각을 더해 조정되는 경우도 있었다. 그 모든 과정은 나 스스로 상위 직급의 역할을 학습하고 훈련하는 기회가 되었다.

이러한 노력을 통해 한 단계 높은 시각에서 고민하고 제안을 하는 과정이 익숙해지자, 자연스럽게 나의 의견이 의사결정에 반영되는 경험을 할 수 있었다. 시간이 흐르면서 상위 직급자의 관점에서 고민하는 연습이 쌓였고, 그만큼 자신감도 생겼다. 주변에서도 점차 내가 주도한 업무들을 인정해 주기 시작했고, 차장 직급임에도 차기 그룹장 후보로 거론되기도 했다. 물론 나이나 직급으로 인해 외부에서 새로운 그룹장이 부임할 때도 있었지만, 내 위치에서 꾸준히 노력하며 상위 직급의 시각을 유지하는 습관을 계속 길렀다. 그 결과 부장 특진 1년 후 부문 내 최연소 전략기획부서 그룹장으로 선임되는 기회를 얻을 수 있었다.

이 이야기를 후배들에게 전할 때마다 실천하기 쉽지 않다고 말하곤 한다. 하지만 세상에 처음부터 쉬운 일은 없다. 중요한 것은 한 걸음씩 목표를 향해 꾸준히 나아가는 것이다. **작은 실천이 쌓여 큰 변화를 만든다.** 상위 직급자의 마음가짐으로 업무에 임하다 보면,

어느새 본인도 한 단계 더 성장한 위치에서 그 자리에 서 있게 될 것이다.

 **실천 방안**

1. **상위 직급자의 고민 파악하기.** 회의나 대화에서 상위 직급자가 생각하는 핵심 과제를 파악하고, 본인이라면 어떻게 할지 고민해 보자.

2. **필요한 업무를 선제적으로 정리해 제안하기.** 상사가 찾기 전에 본인이 먼저 상사의 시각에서 필요한 정보를 선제적으로 제공해 보자.

3. **상사의 시각에서 아이디어 제시하기.** 상사의 입장에서 현 조직의 추가적인 개선 방안이나 새로운 아이디어를 제시하는 훈련을 해 보자.

# 06
# 중간 진행 상황을 공유해라

**#중간보고 #소통 #신뢰**

업무를 수행하면서 '중간 진행 상황을 공유하라.'는 이야기는 자주 들었을 것이다. 하지만 실제로 부서장의 입장에서 보면, 이 원칙이 잘 지켜지지 않는 경우가 많다. 부서원들은 언제 중간보고를 해야 할지 명확하지 않아 고민하게 되고, '이 부분만 정리되면 보고하겠다.'라는 생각으로 타이밍을 놓치는 경우가 많다. 결국 부서장이 직접 진행 상황을 물으면 그제서야 부랴부랴 보고하는 경우가 많다. 이로 인해 의사결정이 지연되거나, 방향성을 제대로 점검받지 못해 업무를 다시 진행해야 하는 상황이 발생해, 전체 일정이 늦어지는 일도 흔히 벌어진다.

중간보고는 업무가 주어진 초기 단계에서 일정과 함께 계획하는 것이 좋다. 업무를 언제까지 완료할지 상급자와 논의해 완료 시점을 정하고, 주간 단위나 격주 등 중간보고의 주기를 정한다. 긴급한 업무나 규모가 작은 일이라도 초기에 보고 시점을 확정하고, 초안이 정리되면 하루 뒤에라도 보고할 것을 권장한다. **중간보고 타이밍을 놓쳤다면 하루를 넘기지 않고 상급자에게 문의해 진행 상황을 공유하고 조언을 구하는 것이 효과적이다.**

중간보고 후에는 피드백을 반영해 최종보고 전에 업데이트 보고를 해야 한다. 그 방식은 서면 또는 대면 보고 중 상황에 따라 결정되며, 이 역시 부서장과 미리 논의하는 것이 중요하다. 부서장이 생각하는 일정과 실제 업무 진행 일정이 다를 경우에는 **부서장의 관점을 이해하고 대안을 제시하면서 일정 조정을 협의하는 것도 필수적이다.**

S전자 근무 시절, I 선배는 부서장의 신뢰를 받는 인재로서 본인이 한 일의 노력을 인정받는 분위기를 잘 만들었다. **이 선배는 수시로 이메일을 활용해 진행 상황을 간단히 보고하고, 대면으로 부서장이 궁금해할 만한 내용을 선제적으로 공유했다.** 업무에 문제가 발생해도 원인을 빠르게 파악하고 대책을 수립하고 향후 계획을 제시했기 때문에, 부서장은 언제나 상황을 빠르게 파악하고 필요한 지원을 해 주며 문제가 해결되도록 도와주었다.

중간보고의 핵심은 부서장의 마음이 되어 생각해 보는 것이다. **이 시점에 부서장이 궁금해할 부분은 무엇인지, 진행에 이슈는 없는지, 도움이 필요한 부분은 없는지 고민해 보자.** 상급자의 신뢰를 쌓는 일은 이렇게 선제적인 소통에서 시작됨을 기억하자.

## ✓ 실천 방안

1. **업무 시작 시점에 중간보고 일정 확정하기.** 업무 초기 단계에서 완료일정과 중간보고 타이밍을 상급자와 함께 확정해 놓자.

2. **진행 상황을 간단하게 자주 공유하자.** 공식적인 보고 전에 현황이나 이슈들은 평소에 구두로 간단하게 공유하는 습관을 갖자.

3. **피드백을 빠르게 반영하여 진행 개선하기.** 중간보고를 통해 받은 피드백은 신속하게 반영하고, 필요한 경우 즉시 상급자에게 업데이트된 내용을 공유하고 진행 상황을 개선하자.

# 07
# 상사가 해야 할 일을 만들어 줘라

#존중 #도움 #지원 #신뢰

주인의식을 갖고 일하는 것은 중요하지만, **상사에게도 할 역할을 남겨 두는 지혜가** 필요하다. 상사가 할 수 있는 부분까지 본인이 전부 처리해 버리면, 상사가 인정받을 기회를 빼앗게 되고 오히려 관계에 미묘한 긴장감이 생길 수 있다. 결과적으로 상사가 도움을 주고 리더십을 발휘할 수 있는 여지를 남겨 두는 것이 더 현명한 전략일 때가 많다.

사실 가장 기분 좋은 인정은 상사가 다른 사람 앞에서 나를 인정해 줄 때이다. 그런데 이러한 인정은 상사가 할 수 있는 일을 만들어 주고, 도움을 요청하며 상사와의 상호 신뢰와 존중을 쌓을 때 자연스럽게 나온다. 상사가 자신보다 역량이나 경험이 부족하다고 불평하고 무시하는 태도를 보이는 후배들을 종종 보곤 한다. 하지만 모든 면에서 완벽한 상사는 없고, 나 역시 모든 면에서 완벽할 수 없다는 사실을 인지해야 한다.

내가 상사에게 필요한 도움을 요청하며 신뢰를 쌓아 간 방법은 다음과 같다. **첫째, 상사만이 가진 직급의 권위와 무게감을 활용하는 것**이다. 유관 부서와의 업무 조율이나 경영진에게 필요한 요청사항이 있을 때 상사의 직급과 권위에 기대면 일이 원활하게 진행되는 경우가 많다. 특히 인력 확충이나 개발비 부족 같은 문제는 실무선에서 아무리 말해도 쉽게 해결되지 않지만, 임원 레벨에서 최고 경영층과 논의되면 빠르게 해결되는 경우가 많았다.

**둘째, 조직 운영/관리 측면에서 후배들에 대한 격려와 지지를 상사에게 요청하는 것**이다. 상사보다 한 직급 위의 리더가 팀원들에게 칭찬과 격려를 해 주면 훨씬 더 동기부여가 되고, 팀 분위기가 좋아진다. 업무에 지치고 힘들어하는 인력들에게 관심을 가지고 그들을 인정해 주는 것은 그들의 성장을 돕는 확실한 방법이다.

**셋째, 자신의 성장과 발전을 위해 도움을 요청하는 것**이다. 교육, 양성 기회, 해외 출장 등 자신의 역량을 키울 수 있는 기회를 진정성 있게 요청할 때, 상사 또한 후배가 성장해 가는 모습을 지켜보며 뿌듯함을 느낀다. 처음에는 자신의 성장을 위한 요청이 부담스러울 수 있겠지만, 이런 솔직한 대화가 상사와의 신뢰를 더 단단하게 만들 수 있다는 것을 기억하자.

결국 상사와의 관계는 상호 신뢰와 존중에서 비롯된다. 상사에게 필요한 역할을 남겨 주고, 적절한 도움을 요청하는 것은 나와 조직 모두에게 이익이 된다. **상사의 리더십을 존중하며 상호 발전할 수 있는 기회를 함께 만들어 가자.**

### ✅ 실천 방안

1. **상사의 직급과 권위를 활용할 수 있는 업무 적어 보기.** 지금 처리할 업무 가운데, 유관 부서 조율이나 경영진과 논의해야 할 사안이 없는지 확인하고, 그들이 역할을 수행할 수 있도록 부탁하자.

2. **상사에게 조직원에 대한 격려 요청하기.** 격려가 필요한 조직원을 파악하고, 상사에게 공식적인 자리에서 칭찬해 줄 것을 요청해 보자.

3. **자신의 성장 기회에 대한 조언과 지원 요청하기.** 교육, 주재원, 양성기회 등 상급자에게 자신의 발전을 위한 조언을 구해 보자.

# 08

# 업무 외적인 측면에서 조언을 구하라

**#인간미 #관계 #조언 #신뢰**

　직장 생활을 하면서 상사에게 업무 외적인 측면에서 조언을 구한 적이 있는가? 만약 그런 경험이 없다면, 스스로가 직장 상사와의 대화에 마음의 벽을 쳐 놓았기 때문일 수 있다. **조금만 마음을 열어 상사에게 다가가 조언을 구해 본다면, 업무 외적으로도 많은 도움을 받을 수 있을 것이다.** 나 역시 직장 생활을 하며 다양한 상사들을 만나 왔고, 그분들을 통해 업무 방식, 경영 철학, 리더십 등 여러 측면에서 배움을 얻었다. 하지만 사실 되돌아보면 업무 외적인 면에서도 많은 도움을 받았던 것 같다.

　한참 전략기획 업무에 익숙해져 가던 무렵에 새로운 부서장이 부임하게 되었다. 그분이 마라톤을 좋아하고 풀코스까지 여러 번 완주한 경험이 있다는 이야기를 우연히 듣게 되었다. 나 또한 막연하게 언젠가 마라톤 풀코스를 뛰어 보고 싶다는 생각을 가지고 있었지만, 어떻게 준비해야 할지 아는 것이 별로 없었다. 그룹장과의 관계가 점차 익숙해질 즈음, 자연스럽게 마라톤에 대해 이야기를 나누게 되었고, 언젠가는 마라톤을 완주하고 싶다는 바람을 터놓았다. 그룹장은 적극적으로 도와주겠다며 한 달 뒤에 있을 마라톤에 10km 코스부터 함께 뛰어 보자고 제안했다. 심지어 본인이 페이스메이커(함께 달리며 완주를 도와주는 역할)를 해 주겠다고 했다.

그 후 한 달 동안 부서장의 조언 아래 사내 피트니스센터에서 훈련을 시작했다. 관련 정보들을 얻을 수 있는 사이트도 알려 주어서 공부하며 달리기에 대한 이해를 높일 수 있었다. 그렇게 연습을 거듭한 후, 부서장과 함께 첫 마라톤 10km를 뛰게 되었는데, **첫 대회임에도 50분 이내에 완주하는 좋은 성과**를 거둘 수 있었다. 그 후에도 나는 동료들과 종종 10km 달리기를 즐기며 달리는 즐거움을 체험할 수 있었다.

또 다른 상사 이야기를 나누자면, 그분은 두 자녀를 아이비리그에 보낸 경험이 있었다. 어느 날 자연스럽게 자녀 교육에 대한 이야기를 나누게 되었고, 어떻게 그렇게 훌륭하게 자녀들을 키우셨는지 지혜를 구하게 되었다. 그분은 아이들이 어릴 때부터 도서관에 자주 데리고 다니며 원하는 책을 읽게 했다고 한다. 결국 자녀들은 책을 읽는 것에 즐거움을 느끼게 되었고, 이동할 때조차도 차 안에서 책을 손에서 놓지 않을 정도로 독서 습관이 잡혔다고 했다. 핵심은 아이들이 책을 좋아하게 만드는 것이었고, 일단 책에 빠지면 공부는 자연스럽게 따라온다는 것이었다.

그 이야기에 용기를 얻어, 아내와 함께 도전해 보기로 했다. 여름방학 동안 두 아이들의 학원을 모두 끊고 도서관에 다니는 습관을 들였다. 평일에는 아내가 아이들을 데리고 다녔고, 주말에는 내가 함께 도서관에서 시간을 보냈다. 처음에는 자리에 앉아 있기 힘들어하던 아이들이 점차 자신들이 흥미를 느끼는 책을 찾아 읽기 시작했고, 특히 **첫째 아이가 초등학교 몇 년에 걸쳐 도서관의 영어 도서를 거의 모두 읽어 내는 놀라운 일이 벌어졌다.**

**상사와의 관계를 업무적인 부분에만 국한하지 않고, 마음을 열고 업무 외적인 조언을 구해 보라.** 아이들 교육, 주거 문제, 여행, 운동 등 다양한 주제에 대해 상사의 경험과 지혜를 빌릴 수 있을 것이다.

상사는 여러분이 생각하는 것보다 여러분의 고민에 귀 기울이고 적극적으로 도와주려는 마음을 가지고 있다. 그런 대화를 통해 상사와의 신뢰와 유대감이 깊어지는 긍정적인 결과도 자연스럽게 얻을 수 있을 것이다.

## ✓ 실천 방안

1. **업무 외적으로 고민하는 부분 적어 보기.** 현재 고민하고 있는 것들을 적어 보고, 적절한 조언을 해 줄 수 있는 상사를 찾아보자.

2. **진솔하게 고민 털어놓기.** 상사에게 해당 고민에 대해 진심을 담아 조언을 구해 보자. 어렵게 느낄 수 있지만, 진솔한 마음이 전달되면 상사도 더 깊이 있는 도움을 줄 수 있다.

3. **받은 조언을 행동으로 옮겨 보기.** 상사의 조언을 행동에 옮겨 보고 그 결과를 공유해 보자. 이를 통해 상사와의 관계가 더욱 돈독해지고, 상사도 여러분의 성장을 지켜보며 만족감을 느낄 것이다.

# 09
# 주변에서 일어나는 이야기를 들려줘라

**#정보 공유 #동향 #주변**

　리더로 성장해 가면서 경영진 회의에 참석할 기회가 많아지면, 회사의 큰 그림과 주요 전략을 이해하는 폭은 넓어진다. 하지만 조직 내부나 유관 조직에서 일어나는 세세한 일들은 파악하기 어려워진다. 이때, **조직 내 후배들이 중요한 정보와 분위기를 알려 준다면, 사전에 조직 운영의 리스크를 줄이고, 의사결정에 도움을 줄 수 있다.** 하지만 많은 후배들은 상사와 이런 이야기를 나누는 것을 어렵게 생각하거나 적절하지 않다고 여긴다.

　물론 이런 이야기들을 편하게 나눌 수 있는 분위기를 만드는 것은 상사의 몫이기도 하다. 하지만 후배 사원 역시 **상사와의 관계를 편안하게 만들어 가는 노력을 한다면, 불합리하거나 어려운 상황에 대한 고민을 해결할 수 있는 중요한 채널을 열게 된다.** 나 역시 파트장 시절부터 상사와 자연스러운 소통을 위해 출근 시간을 상사에 맞춰 일찍 나가는 것을 원칙으로 삼았다. 아침에 일찍 출근하면 경영진을 지원하는 부서장들과 함께 아침식사를 하거나 차 한 잔을 즐기며 대화를 나눌 기회가 많았다.

처음에는 가족, 취미, 여행, 독서, 관심사 등의 가벼운 주제로 시작했지만, 이런 일상 대화를 통해 상사와의 관계가 점차 가까워지자 더 깊은 이야기를 나누게 되었다. 조직 내에서 누가 업무 때문에 힘들어하는지, 유관 부서와의 협업에서 생긴 어려움, 팀원들의 건강이나 가족 관련 문제까지 상사에게 자연스럽게 알릴 수 있었다.

이렇게 정보를 공유하면서 상사는 부서원들과 조직 내 상황에 대해 자연스럽게 알게 되었고, 이를 바탕으로 의사결정을 내리며 부서원들을 대했다. 이러한 올바른 이해는 **부서원들에 대한 공정한 평가와 함께, 주변 조직과의 갈등을 미리 파악하고 해결하려는 노력으로 이어졌다.**

마음을 조금만 더 열고 리더에게 다가가 조직 내 현황이나 주변 상황을 자연스럽게 공유해 보자. 그로 인해 리더와의 신뢰 관계는 더 단단해지고, 여러분 역시 성장하는 조직의 중요한 일부로서 기여할 수 있는 기회를 얻을 수 있을 것이다.

## ✅ 실천 방안

1. **리더와 자주 소통할 수 있는 타이밍 찾기.** 가족, 취미, 최근에 읽은 책, 여행지 이야기 등 가벼운 주제부터 상사와의 대화를 시도하자. 꾸준히 대화하다 보면 상사와 편안 소통이 가능해질 것이다.

2. **조직의 소식을 자연스럽게 전달하기.** 가볍게 부서 내 분위기나 주변 이야기를 나누는 것으로 시작해 조직원들의 현황, 유관 부서와의 관계에 대해 이야기해 보자.

3. **변화된 현황 피드백하기.** 상사의 행동으로 인한 변호에 대해 피드백을 하고 상사의 지원에 감사함을 표현해 보자.

# 10

# 상사가 모르는 정보를 전달하라

#정보공유 #동향 #주변

상사라고 해서 모든 것을 여러분보다 잘해야 한다고 생각하고 있지는 않은가? 직장에서 상사를 존중하는 것은 중요하지만, 상사도 모든 분야에서 완벽할 수 없다는 사실을 이해해야 한다. 어떤 주제에 대해 내가 더 많은 정보를 가지고 있고, 더 깊이 이해하고 있다면, 오히려 적절하게 상사에게 그 정보를 공유하고 도와주는 것이 신뢰를 쌓는 좋은 방법이다. 실제로 나는 여러 경험을 통해 이러한 교훈을 얻었다.

S전자 시절 기획, 투자, 신사업 업무에 20년 넘는 경력을 지닌 베테랑 상사와 일하게 되었다. 당시 그는 연구소장을 도와 1,000명이 넘는 연구소 전체 운영을 담당하는 CFO 역할을 수행했다. 일반적으로 연구소장은 개발 측면에서 뛰어난 역량과 리더십을 지녔지만, 경

영적인 측면에서는 경험이 상대적으로 부족할 수 있다. 해당 상사는 사장급 인사들의 경영을 오랫동안 지원해 온 덕분에 전사 현안과 키워드, 운영 이슈 등을 주기적으로 연구소장께 보고하곤 했다. 해외 협력처와의 미팅에서도 상대 대표의 취미까지 확인해 선물을 준비하는 등, 세심한 노력과 지원으로 연구소장의 커뮤니케이션을 효과적으로 돕고 신뢰를 쌓았다.

또 한번은 일본 주재원으로 부임하여 오랫동안 반도체와 전자업계 현황을 정리해서 보고해 오던 상사와 함께 일한 적이 있었다. 이 상사는 귀임 직후, 본인의 경험과 정보력을 기반으로 국내에서 쉽게 얻을 수 없는 해외 자료들을 연구소장께 공유했다. 덕분에 연구소장은 새로운 인사이트를 얻을 수 있었고, 자연스럽게 해당 상사에 대한 신뢰도가 높아졌음은 물론이다.

**상사에게 본인이 더 잘 아는 정보를 공유하고, 상사를 성장시키는 역할을 해 보자.** 상사가 때로는 모든 것을 알지 못하고, 여러분의 전문성을 필요로 할 수 있다는 점을 인지하면, 그 관계가 상호적인 신뢰로 발전하게 된다. **상사에게 정보를 지속적이고 효과적으로 전달하며 도움을 주다 보면, 상사 역시 여러분의 전문성에 의존하고 신뢰하게 될 것이다.**

**실천 방안**

1. **상사보다 더 잘 아는 부분을 적어 보자.** 상사가 나보다 부족한 분야가 무엇인지, 내가 더 잘 아는 분야는 무엇인지 파악해 적어 보자.

2. **상사의 관점을 고려한 정보 전달하기.** 상사의 입장에서 그 정보를 이해하기 쉽게 요약해 전달해 보자. 구두 전달도 좋고, 이메일도 좋다.

3. **소규모 스터디 제안하기.** 상사가 잘 모르는 분야에 전문성을 갖고 있다면, 소규모 스터디나 회의에서 해당 주제로 세미나를 해 보며 상사화 함께 학습하는 자리를 마련해 보자.

## 11
# 상사는 당신이 뭘 하는지 다 알고 있다

**#성실 #정직 #신뢰 #집중**

넓은 무대에 서서 청중을 바라본 경험이 있는가? 강단에 서면 고개를 숙여 휴대폰을 보는 사람, 손으로 이마를 가린 채 조는 사람, 옆 사람과 수군거리는 사람 등 사소한 움직임 하나하나가 눈에 들어온다. 하지만 대부분의 청중들은 이 사실을 모른 채, '나 한 사람쯤이야.' 하는 생각으로 집중하지 않고 딴짓을 한다.

리더가 되면, 회사를 운영하는 과정에서 마치 무대에 서서 청중을 바라보는 것과 비슷한 경험을 하게 된다. 리더는 각 조직의 업무와 구성원들을 자연스럽게 파악한다. 누가 어떤 업무를 수행하고 있는지, 어느 정도 압박을 느끼며 일하는지, 사무실에서의 모습과 회의에서의 발언을 통해 업무 태도와 문제 해결 능력을 감지할 수 있다. **스스로 일을 찾아서 적극적으로 하는지, 이슈나 문제를 숨기는지, 아**

**니면 일정을 부풀리거나 불평만 늘어놓는 사람인지, 시간이 지나면 다 드러나게 마련이다.**

그러나 상사가 본인에게 구체적으로 묻지 않는다고 해서 여러분이 하고 있는 일을 모를 것이라고 생각하거나, '바쁘니까 나한테 관심 없겠지.'라고 생각하는 건 오산이다. **작은 부분까지도 지켜보며 평가한다는 사실을 잊지 말아야 한다.** 나 역시 부서원들이 일하는 공간을 지나가다 보면, 업무와 상관없는 휴대폰을 들여다보거나, 쇼핑을 하고, 유튜브를 보고, 맛집을 찾거나 여행지를 알아보는 모습을 종종 보았다. 물론 단편적인 행동을 지적하지는 않지만, 이러한 모습을 꾸준히 지켜보면서 지속적인 행동 패턴이 있는지를 모니터링한다.

아무리 똑똑하고 업무 능력이 뛰어나 상사와의 협력이 잘되어 있어도, 보이지 않는 곳에서의 옳지 못한 행동은 결국 드러나게 된다. 그 작은 '빼질거림'과 '그릇된 행동'은 본인의 평판을 갉아먹는다. 작은 일에도 최선을 다하고, 스쳐가는 말이라도 귀담아들어 행동으로 옮기는 태도가 모여 여러분의 성실성과 정직성을 보여 주는 중요한 요소임을 기억하기 바란다.

## ✓ 실천 방안

1. **업무 시간 중 집중하기.** 회사에서 일하는 나의 모든 도습이 부끄럽지 않게 성실하고 정직한 모습으로 행동하려고 노력하자.

2. **자기 관리 습관을 만들기.** 일과 시간 중 나의 행동을 되돌아보고 반성할 부분을 찾아, 한 달 동안 개선을 위한 노력과 실천을 해 보자.

3. **평소 행동 객관적인 피드백받기.** 신뢰할 수 있는 동료나 선배에게 나의 업무 태도나 행동이 어떻게 비춰지는지 솔직한 피드백을 구해 보자. 스스로 인지하지 못하는 습관이나 행동을 개선할 수 있다.

## Part 3 요약
# 선배들이 신뢰하는 후배가 돼라

---

1. **상사의 마음을 읽고 움직여라**
상사의 관점과 우선순위를 이해하고, 그에 맞춰 일의 방향을 맞춰라.

2. **열 번 찍어 안 넘어가면, 넘어갈 때까지**
꾸준한 노력과 집념으로 어려운 업무도 해결하는 근성을 보여라.

3. **평범한 일도 내가 하면 다르게**
주어진 일을 새로운 시각과 열정으로, 차별화된 결과를 만들어라.

4. **상사가 일을 맡기면 안심하는 사람이 돼라**
맡은 일에 확실한 책임감과 신뢰를 보여, 상사의 안심을 얻어라.

5. **상사가 고민하는 걸 함께 고민해 줘라**
상사의 고민을 이해하고, 문제 해결에 필요한 아이디어를 제시하라.

6. **중간 진행 상황을 공유해라**
적절한 시기에 보고해, 의사결정의 타이밍을 놓치지 마라.

7. **상사가 해야 할 일을 만들어 줘라**
상사를 참여시켜, 업무와 조직 관리에 도움을 받아라.

8. **업무 외적인 측면에서 조언을 구하라**
상사와 업무 외적인 부분에서도 소통하고 배움을 구하라.

9. **주변에서 일어나는 이야기를 들려줘라**
조직 내·외부 소식을 공유해 상사가 상황을 잘 이해하도록 도와라.

10. **상사가 모르는 정보를 전달하라**
상사가 접하기 어려운 정보나 업계 소식을 공유해 신뢰를 높여라.

11. **상사는 당신이 뭘 하는지 다 알고 있다**
늘 성실하고 정직한 모습을 유지하며, 책임감을 갖고 일하라.

Part 4

# 거인의 어깨 위에서 배운 리더십

# 01
# 우뇌형 상사에게 더 끌린다

**#친화력 #소통 #관심 #인간미**

리더십을 정의할 때, 흔히 "앞장서서 이끄는 사람을 자연스럽게 따르게 만드는 힘"이라고 말한다. 그런데 그 힘이 강력해 지려면, 인간적인 매력과 호감을 가진 리더일 때 더욱 빛을 발한다. **쉽게 다가갈 수 있고, 대화를 나누면 배울 점이 많으며, 함께 있을 때 긍정적인 에너지를 주는 리더는 부서원들에게 훨씬 더 매력적으로 다가와 그들을 끌어당긴다.**

함께 일했던 상사 중에도 그런 리더가 있었다. 그분은 함께 일했던 리더들 중에서도 특히 인간적이었으며, 부서원의 성향, 기분, 분위기를 잘 파악하는 '관계에 능숙한 분'이었다. 흔히 좌뇌형 인간은 논리적, 분석적, 계획적이며, **우뇌형 인간은 감각적, 직관적, 관계적**이라고 한다. 이 상사분은 전형적인 우뇌형 리더로, 사람들과 교류하고 관계를 맺는 데 탁월한 감각을 가지고 있었다.

　일반적으로 상사들은 직급과 나이를 내세워 권위적으로 부서원들을 대하는 경우가 많다. 그러나 이분은 늘 친근한 선배처럼 다가와 인간적으로 대해 주었고, 스스로 약간의 빈틈을 보여 주변 사람들이 부담 없이 다가올 수 있게 배려했다. 부서원들과 자주 식사를 하거나, 유관 부서와의 술자리를 마련해 관계를 더욱 촘촘히 쌓아 갔다. 그 자리에서는 업무보다는 가족 이야기, 취미, 부동산, 재테크 같은 일상적인 주제를 나누며 자연스럽게 마음을 열게 했다. 업무 지시 역시 강압적이기보다는 대화의 연장선에서 부탁하는 느낌이 들어, 힘든 일도 기꺼이 수락할 수 있었다.

　이분에게 배운 큰 교훈 중에 하나는 **함께 일하는 사람들의 마음에 귀 기울일 줄 알아야 한다는 것**이다. 회사에서 일을 최우선 순위에 두고 모든 것을 성과 중심으로 이끄는 리더들이 많다. 이런 카리스마 있는 리더십은 당장의 성과를 낼 수는 있지만, 장기적으로는 부서원들이 마음을 다해 업무에 몰두하게 만들지 못하는 경우가 많았다. 리더는 매니지먼트로 성장할수록 모든 일을 혼자 해결할 수 없게 되며, 결국 조직원들의 열정을 끌어내고 함께 성장하는 업무 문화를 만들어야 한다. 그런 측면에서, 이분은 사람의 마음을 들여다보고 동기부여하는 데 뛰어났던 리더였다.

　기획 업무에서 성장해 온 이분은 친화력과 통찰력을 기반으로 인사, 기획, 지원 업무를 모두 아우르는 역할을 맡게 되었는데, 이는 사람에 대한 깊은 이해와 관리 능력이 뒷받침되었기 때문이었다. 그분은 상대방이 무엇에 관심이 있는지, 어떤 이야기를 나누고 싶어 하는지를 유심히 살피고 대화를 통해 공감대를 쌓아 나갔다. 나 역시 그분이 나를 존중해 주고 이야기에 귀 기울이며 업무에 지원을 아끼지 않겠다는 확신을 주었기에 더욱 적극적으로 그분을 따르며 일할 수 있었다.

이 상사는 사회에서 일어나는 다양한 일들을 조직에 적용하여 에너지를 불어넣는 활동에도 관심이 많았다. 예를 들어, 전사적으로 벤처 육성 프로그램이 도입되어 큰 화제가 되었을 때, 이를 연구소에도 적용해 보자는 아이디어를 내어 연구소의 혁신 과제로 발전시켰다. 벤치마킹을 위해 다른 팀들과 미팅을 하고, 프로그램을 연구소에 맞게 조정하여 실행했다. 또 독일의 히든 챔피언 기업들을 벤치마킹해 전략에 대한 인사이트를 조직 내에 공유하는 활동도 기획했다. 이런 활동을 통해 새로운 아이디어와 혁신적인 활동의 에너지가 조직에 스며들게 했다.

그의 리더십은 강요보다는 설득, 지시보다는 참여를 중시했다. 그는 부드럽게 사람들을 이끌어 가며 긍정적인 에너지를 전파했고, 이런 에너지가 조직 내 분위기를 더욱 활기차게 만들었다.

**리더십은 결국 사람을 통해 이루어지며, 그 핵심은 상대방의 마음을 이해하고 동기부여하는 능력이다.** 지금 자신의 위치에서 관계와 공감의 가치를 깨닫고, 리더가 되기 전부터 우뇌형 리더십을 실천해 본다면, 그 영향력은 점점 커질 것이다.

## ✓ 실천 방안

1. **나의 리더십 성향 파악하기.** 내가 신뢰할 수 있는 부서원들을 통해 나의 리더십이 우뇌형인지, 좌뇌형인지 점검해 보자.

2. **부서원을 가족이라고 생각해 보기.** 업무적인 면뿐 아니라, 부서원들의 성향과 일상에 관심을 가지고 소통하며 친밀함을 유지 해 보자.

3. **에너지를 불어넣는 활동 기획하기.** 조직차원의 새로운 도전, 신선한 활동을 기획하여 긍정적인 에너지를 불어넣어 보자.

# 02

# 기술·운영·문화로 프레이밍하라

#철학 #기술 확보 #운영 #문화

 

리더로 성장하며 큰 조직을 운영할 때 가장 먼저 배운 것은, 조직에 철학을 심고 운영할 큰 프레임이 필요하다는 점이었다. 그 핵심은 3가지 기둥인 TOC(Technology, Operation, Culture), 즉 기술·운영·문화다. 이 단순하면서도 강력한 프레임은 조직의 성과와 성장을 위해 반드시 필요한 토대로 기능했다.

기술은 회사의 핵심이 되는 차별화된 경쟁력이다. **어떤 기술을 언제, 어떻게 확보할지 장기적인 계획을 세우고, 이를 구성원들에게 공유하며 주기적으로 점검하는 과정이 필요하다.** 이를 위해 로드맵 만들고, 여러 조직의 핵심 구성원들이 함께 논의해 방향성을 정해 나갔다.

선행 기술 확보를 위해 오픈 이노베이션도 적극적으로 활용했다. 내부 역량만으로 모든 기술을 확보할 수는 없기 때문에, 외부 전문가나 전문 업체, 우수 대학과의 협력을 통해 더 폭넓은 기술 개발과 활용이 가능했다. 특히 해외 전문가들의 기술자문은 조직이 단기간에 해결하기 어려운 기술적 난제를 풀고, 새로운 협력 네트워크를 형성하는 데 큰 도움이 되었다.

**운영** 측면에서 중요한 것은 **연구나 개발 활동을 체계적으로 지원하고 관리**하는 일이다. 이를 위해 **문서화, 표준화, 그리고 시스템 구축이 필요**하다. 운영 측면에서 잘 갖춰진 시스템은 업무의 효율성을 높이고 장기적으로 조직의 성장에 크게 기여한다.

구체적으로는 앞서 언급한 기술 로드맵 작성을 위한 조직구성, 점검, 변경 관리 등이 포함된다. 또한, 오픈 이노베이션 전략의 기획 및 실행, 조직의 성과 목표 수립, 과제 도출과 평가 체계 구축 역시 운영 측면의 사례로 볼 수 있다. 이런 업무를 위해서는 전문적인 지원 스태프 조직이 필요하며, 개발 경험이 있는 인력일수록 실질적이고 효과적인 시스템 구축과 도입이 가능했다.

하지만 아무리 좋은 기술과 시스템이 있더라도, 조직 **문화**가 딱딱하거나 소통이 원활하지 않다면 창의성과 효율성은 저하될 수 있다. 그래서 조직 내에서 자유롭게 토론할 수 있는 분위기, 상하 관계보다는 서로 의견을 주고받는 문화가 중요하다. 이러한 문화 속에서 구성원들은 스스로 주도적으로 일하고 성장할 수 있다.

이를 위해 각 조직에서는 조직 문화 활성화를 주도하는 인력을 선정했다. 이들은 조직의 분위기를 개선하고 활력을 불어넣는 역할을 하며, 다양한 아이디어를 내고 조직의 이슈를 파악해 해결 방안을 찾는 역할을 담당한다. 조직 문화가 긍정적으로 변하면, 조직의 생산성과 창의성 역시 자연스럽게 높아진다.

이러한 **TOC 프레임은 어떤 조직이든 적용할 수 있는 보편적인 원칙**이며, 나 역시 경영진으로 성장하고 이직 후에도 이를 기반으로 조직을 운영해 왔다. 기술적 경쟁력, 체계적인 운영, 건강한 문화는 조직의 성과와 성장을 좌우하는 핵심 요소다.

빠르게 변하는 환경의 스타트업이나 소규모 기업에서는 이러한 철학과 프레임을 간과하기 쉽지만, 깊이와 투자하는 시간에 차이는 있더라도 **명확한 방향과 목표, 운영, 조직 문화를 고려하지 않고 움직이는 조직은 결코 효과적으로 성장할 수 없다.** 지금 여러분의 조직은 TOC 관점에서 무엇을 보완해야 하는지 구성원들과 함께 고민해 보자.

 **실천 방안**

1. **기술 확보 목표와 계획 수립하기.** 조직의 장기적인 기술 목표를 수립하고, 팀과 함께 공유하여 꾸준히 업데이트한다.

2. **프로세스와 표준화 운영 체계 검토하기.** 문서화하고 시스템으로 관리가 필요한 부분, 표준화 및 프로세스화해야 하는 업무가 있는지 점검해 보고, 도입·개선 방안을 찾아보자.

3. **조직 문화 측면의 개선점 찾기.** 워크숍을 통해 현 조직의 소통과 업무 문화를 진단해 보고, 구성원들이 직접 개선 방안을 제안하게 하자.

# 03
# 때로는 호통과 유머도 필요하다

**#카리스마 #유머 #여유**

그동안 다양한 리더들과 함께 일하면서, 가장 카리스마가 넘쳤던 상사 한 분이 기억에 남는다. 반도체 초기 개발자 출신으로 기술적인 부분까지 디테일하게 잘 아는 고참 경영진이었기에 많은 내부 리더가 그분의 호통을 두려워했다. 실제로 많은 임원들이 실수나 언행에 엄격했던 그분 앞에서 긴장감을 감추지 못했고, 발표 내용 하나하나까지 꼼꼼히 준비하지 않을 수 없었다.

**호통 리더십**은 조직 내 긴장감을 만들어 업무에 강한 드라이브를 걸 수 있다는 점에서 분명 **효과적**이다. 임원들은 실수를 줄이고 완성도 높은 결과물을 만들어 내야 한다는 압박감 속에서 더욱 철저하게 준비할 수밖에 없었다. 그 덕분에 단기적인 성과 창출에는 효과적이었다. 그러나 이렇게 만들어진 긴장감이 꼭 긍정적인 효과만을 가져오지는 않았다. 강한 압박 속에서 임원들은 자율성을 잃고 방어적인 자세를 취하기도 했고, 장기적인 관점의 고민이나 창의적인 성과를 도출하는 데는 오히려 장애물이 되었다.

나 역시 이런 호통 리더십이 성향에 맞지 않아 개인적으로는 자주 활용하지 않았지만, 조직에 빠르게 성과를 내고 긴장감을 불어넣어야 할 순간에는 한두 번 강한 메시지를 전달하는 방식으로 활용했던 경험이 있다. 중요한 것은 상황에 따라 호통 리더십을 효과적으로 사용할 수 있는 타이밍과 균형을 찾는 것이다.

다른 한편으로, 해당 상사분과 해외 동행 출장을 통해서 배울 기회가 많았는데, 오랜 해외 주재 경험이 있던 상사였던 만큼 글로벌 무대에서 무게감을 유지하면서도 상대방을 배려하는 태도가 인상적이었다. 동서양의 문화 차이와 영어로 인한 거리감이 있을 법한 자리에서도, 우리가 고객이라는 **자신감을 갖고 여유롭고 유머러스한 태도로 자연스럽게 미팅을 주도했다.**

한번은 파트너 업체를 방문했을 때, 그곳 엔지니어의 이름이 헌터(Hunter)라는 것을 알고는 장난스럽게 "What do you hunt?"라고 물으며 웃음을 띄웠다. 딱딱하고 긴장되던 분위기가 순식간에 화기애애해졌고, 그 이후의 미팅은 부드럽고 효과적으로 진행되었다. 상대방에 대한 작은 관심과 유머가 어떻게 비즈니스에 긍정적인 영향을 미치는지 직접 배울 수 있는 순간이었다.

때로는 호통과 같은 단호함으로 조직에 긴장감을 불어넣는 **리더십도 필요하지만, 상황에 맞는 유머와 상대를 자연스럽게 대하는 태도는 관계를 여는 열쇠가 된다.** 상황에 따라 단호함과 유머를 적절히 조화하는 것은 리더십의 중요한 스킬이다.

>  **실천 방안**
>
> 1. **나의 리더십 스타일 돌아보기.** 내 리더십 스타일이 호통의 리더십인지, 유머스럽고 부드러운 리더십인지 진단해 보고, 조화하는 방법을 고민해 보자.
>
> 2. **호통이 필요한 상황인지 확인하기.** 조직의 긴장감을 조성해야 하는 상황인지 판단해 보고, 필요시 명확하고 단호하게 메시지를 전달하자.
>
> 3. **긍정적인 유머 활용하기.** 회의나 업무 진행 중 적절한 유머로 구성원들의 긴장을 완화하고, 열린 대화와 소통이 되도록 유도하자.

# 04

# 환경과 문화와 업무 방식을 바꿔라

**#변화 #혁신 #환경 #문화 #업무방식**

    C-level 경영에 직접 참여하며 배우고 경험하는 것은 쉽지 않은 일이다. 전략기획 업무를 하면서 다양한 고위 임원들을 통해 많은 인사이트를 얻을 수 있었는데, 그중에서도 특히 기억에 남는 사례 중 하나가 자회사를 이끌어 가는 리더와 함께 일한 것이었다. 이분은 변화의 우선순위를 명확히 파악하고, 작은 부분부터 시작해 큰 변화를 만들어 가는 모습을 보여 주었다.

    **첫 번째로 변화를 준 것은 조직원들이 직접 느낄 수 있는 환경 개선이었다.** 건물 외관부터 시작해 내부 인테리어까지, 회사의 분위기를 새롭게 바꾸는 데 집중했다. 회사 외부에 위치한 로고를 교체해 이미지를 새롭게 다졌고, 사무실의 가구 배치와 색감을 개선해 밝고 깔끔한 분위기를 조성했다. 직원들이 자주 사용하는 화장실도 분위기 개선의 대상이 되었다. 페이퍼 타월까지 깨끗하고 질 좋은 것으로 바꾸어 직원들이 쾌적한 환경을 직접 느끼게 했다. 식당에서도 메뉴를 다양화하고, 라면 기계를 도입하여 직원들의 식사 만족도를 높였다. 작은 부분부터 세심하게 신경 쓴 이러한 환경 변화는 직원들의 일상에 변화를 가져왔고, 회사에 대한 애착과 만족도를 높이는 데 큰 역할을 했다.

두 번째로는 조직의 문화적 측면에 변화를 주었다. 사내 기술 토론회를 정기적으로 운영하면서, 기술적 담론을 나눌 수 있는 장을 만들었다. 이러한 토론회는 내부 전문가와 외부에서 초빙된 강사의 세미나로 구성되어, 직원들의 기술적 역량뿐만 아니라 문화적 감수성을 키울 수 있는 기회로 활용되었다. 또한 본사와의 유대 관계를 강화하고 팀 간 협업 문화를 구축하기 위한 다양한 워크숍도 열렸다. 이를 통해 서로 다른 팀과 부서 간의 교류가 활성화되고, 조직 간의 벽을 허무는 데도 기여했다. **이렇게 조직의 분위기와 문화가 변화해 나가면서, 직원들의 참여도와 소속감은 점점 더 높아졌다.**

이러한 환경과 문화의 변화도 중요하지만, **근본적으로 중요한 것은 바로 업무에서의 변화**이다. 자회사로서 본사의 제품을 안정적으로 공급하는 것이 가장 큰 미션이었기 때문에, 제품의 품질을 높이는 데 가장 많은 노력을 했다. 우선 **품질 관리 시스템과 프로세스를 체계적으로 정비**했고, 현재 품질에서 가장 중요한 문제점이 무엇인지 면밀히 분석해 개선해 나가는 노력을 기울였다. 품질 향상을 위한 노력뿐만 아니라, 중장기적으로 본사와의 협업을 강화하고 미래의 성장 가치를 높이기 위해 자회사의 **전략과 목표를 명확히 수립**했다.

특히, 이러한 변화의 진행 상황과 결과를 정례적으로 **본사 경영진과 공유하며, 필요한 부분에 관한 지원을 적극적으로 요청**하고 피드백을 받아들여 개선해 나가는 시스템을 구축했다.

새롭게 조직을 맡게 되었다면, 먼저 눈에 보이는 환경부터 바꾸어 구성원들이 변화를 체감하도록 해보자. 그리고 소통과 협업을 통해 긍정적인 조직 문화를 조성해 나가야 한다. 이렇게 개선된 분위기 속에서 핵심 목표와 전략에 집중하며 성과를 만들어 나간다면, 조직에 긍정적인 변화를 가져다줄 수 있을 것이다.

---

 **실천 방안**

1. **눈에 보이는 작은 변화부터 시작하기.** 사무실 환경, 복지, 업무 편의성 등 눈에 보이고 체감할 수 있는 변화를 도입하면, 조직의 사기와 만족도가 빠르게 상승한다.

2. **조직 문화 개선 시도하기.** 내부 세미나, 워크숍, 팀별 활동 등 조직 내 소통과 역량 강화를 위한 문화 활동을 꾸준히 진행하자.

3. **핵심 업무의 개선에 집중하기.** 기술 확보, 품질, 영업 등 회사의 미션에 가장 중요한 업무에 집중해 보자. 이를 위해 필요한 체계적인 시스템을 도입해 변화와 개선을 추구하자.

# 05
# 지원 조직의 중요성을 인식해라

**#지원 조직 #위임 #얼라인 #로열티**

　기업에서 '지원 조직'이라고 하면 일반적으로 개발 부서 외의 인사/총무, 경영지원, 구매, 전략/기획, 영업/마케팅, 법무 부서 등을 가리킨다. 이들은 각각의 영역에서 조직이 원활하게 운영될 수 있도록 중요한 역할을 담당한다. 인사 부서는 우수한 인재 채용과 최적의 조직 구조 구축에 집중하며, 부서 간 협업과 긍정적인 조직 문화를 만들어 가는 역할을 한다. 경영지원 부서는 제한된 자원을 효율적으로 분배하고, 낭비되는 부분이 없도록 살피며 기업 운영의 효율성을 높인다. 구매 부서는 협력업체와의 관계를 원활하게 맺고, 필요한 자재와 부품을 높은 품질과 합리적인 가격으로 조달하는 데 주력한다. 전략/기획 부서는 기업의 장기적인 목표와 방향성을 수립하고, 구체적인 실행 계획을 세워 조직이 지속적으로 성장할 수 있도록 지원한다.

영업/마케팅 부서는 제품과 서비스를 고객에게 효과적으로 전달하고 판매 전략을 수립하여 시장에서 경쟁력을 확보하는 역할을 한다. 이 부서는 시장의 트렌드와 고객의 니즈를 분석하여 브랜드 가치를 높이고 판매 기회를 극대화한다. 법무 부서는 기업 활동 전반에서 발생할 수 있는 법적 리스크를 관리하며, 각종 계약 검토, 법률 자문, 지적 재산권 보호, 규제 준수, 분쟁 해결 등을 통해 조직이 법적으로 안전하고 안정적으로 운영될 수 있도록 돕는다. 이러한 지원 조직은 각각의 전문성을 바탕으로 협력하여 조직의 목표 달성과 지속적인 성장을 뒷받침하는 핵심적인 역할을 수행하고 있다.

대기업에서 오랜 기간 지원 조직에 몸담으며 깨달은 점은 이들이 조직 운영에서 얼마나 중요한 역할을 하는지에 대한 깊은 인식과, 그에 걸맞은 대우와 지원이 조직 경영에 필수적이라는 것이다. **지원 조직을 단순히 개발 업무를 뒷받침하는 역할에 머물게 해서는 안 된다. 이들이 조직의 최고 의사결정권자를 대신해 전체적인 운영을 지원하며 리더로서 기능할 수 있도록 해야 한다.** 이러한 책임감을 심어주고 동기를 부여한다면, 조직 전반의 성공을 견인하는 핵심적인 성과를 창출할 수 있다.

함께 일했던 상사 중에, 이러한 지원 조직의 중요성을 깊이 이해하고 적극적으로 활용한 리더가 있었다. 매일 아침 지원 조직장들과 함께하며 조직 내 이슈와 문제점을 논의하고, 본인의 방향성과 전략을 공유해 지원 조직이 이에 자연스럽게 얼라인할 수 있도록 이끌어 나갔다. 필요한 권한을 지원 조직에 위임하여, 이들이 주인의식을 가지고 해결책을 찾도록 독려했다. 이를 통해 지원 조직은 단순한 지원을 넘어 조직 운영의 핵심적인 역할을 맡게 되었다.

특히, '기획이 살아야 조직이 산다.'라는 철학을 통해 기획 부서의 **구성원 한 사람 한 사람이 마치 조직의 최고 의사결정권자처럼 주체적으로 일하도록 유도했다.** 단순히 지시를 따르는 역할이 아닌, 전략과 운영을 책임지는 핵심 주체로서 업무를 수행하게 만든 것이다. 중요한 업무를 마치면 지원부서 구성원들에게 "정말 수고 많았다."라는 진심 어린 격려를 잊지 않았고, 노력한 이들을 별도로 초대해 식사를 함께하며 감사의 마음을 전했다. 이러한 **작은 배려와 인정을 통해 지원 조직의 사기를 올리고, 로열티와 주인의식을 고취하는 효과**를 발휘했다.

**지원 조직은 조직 성공의 숨은 원동력이다.** 경영진이 이들의 역량을 충분히 발휘할 수 있도록 신뢰하고 권한을 부여할 때, 조직은 더 나은 방향으로 성장하고 의미 있는 성과를 낼 수 있다.

## ✅ 실천 방안

1. **지원 조직에 권한 부여하기.** 지원 조직이 주인의식을 가지고 일할 수 있도록 책임과 권한을 과감하게 위임하자. 전체 조직장이 있는 자리에서 권한 위임에 대한 지침을 언급해 힘을 실어 주자.

2. **지속적인 소통과 피드백 문화 만들기.** 지원 조직장들과 정기적인 티미팅을 통해 이슈와 문제점을 편안하게 논의할 수 있도록 하자.

3. **노고에 대한 감사와 인정 표현하기.** 중요한 업무가 끝난 후, 지원 조직 구성원들에게 진심 어린 격려와 감사의 표현을 하자. 작은 배려와 칭찬이 구성원들의 사기와 로열티를 높여 줄 것이다.

# 06
# 일단 믿었으면 끝까지 신임해라

#권한 위임 #리더십 #로열티 #열정

리더의 가장 큰 덕목 중 하나는 **일단 맡겼다면 끝까지 신뢰하고 지지해 주는 것**이다. 믿음을 바탕으로 팀원에게 권한을 이임하면, 그들은 스스로 주인의식을 갖고 업무에 몰입할 수 있게 된다. 이러한 경험은 리더로서 성장하면서 깨달은 중요한 교훈이자, 조직의 성과를 높이는 핵심 전략이다.

S전자 전략기획팀 근무 시절, 독일에서 매년 진행하는 자동화 관련 세계 최대 전시회에 참석하는 미션을 받았다. 개최 일정이 얼마 남지 않은 상황에서 연구소장으로부터 전시회 참관을 지시받았고, 주말에 급히 연락을 받았기에 준비할 시간이 많지 않았다. 전시회 일정이 3일 남은 상황에서, 주말임에도 후배와 함께 급히 출근해 전시 아이템을 조사하고 비행기 표와 숙박할 곳까지 마련하며, 주말 내내

참관 계획서를 작성해 연구소장께 보고했다.

다음 날 참관 계획이 임원회의에서 공유될 때, 일부 임원들은 기술적인 내용을 다룰 개발팀 리더들이 참관하는 것이 더 효과적일 것이라고 제안했다. 그러나 연구소장은 "이번에는 전략기획부서에서 참관을 기획하고 준비했으니, 기존대로 하자."며 결정적인 지지를 보내 주었다.

믿고 맡겨 준 연구소장의 의사결정으로, 우리는 책임감을 가지고 전시회 참관 할 수 있었고 성공적으로 임무를 수행할 수 있었다. 낮에는 전시장을 샅샅이 돌아다니며 개발팀을 통해 전달받은 조사 항목을 꼼꼼하게 확인하며 사진과 영상을 찍고 정보를 수집했고, 저녁에는 해당 내용을 정리해 임원진들에게 매일 이메일로 공유했다. 복귀 후에는 현장에서 조사했던 모든 자료를 종합하고 분석해 임원진들과 개발팀에 공유하면서, 연구소장이 보여 주었던 신뢰에 보답하고자 노력했다.

지금 돌아보면, 그 독일 출장은 결코 쉽지 않은 미션이었지만, 누군가가 **나를 믿어 주고 신뢰해 준다는 것만으로도 이렇게까지 업무에 열정적으로 몰입할 수 있다는 점을 깨닫게 해 준 소중한 경험**이었다. 함께 출장을 다녀온 후배와는 지금까지도 꾸준히 만나고 있는데, 그때의 열정 넘치는 독일 출장 이야기를 추억할 때마다 현재 내 일에 대한 열정도 다시 점검하게 된다. 그 경험은 나에게 깊은 영감이자 지속적인 동기부여의 원천으로 남아 있다.

## ✓ 실천 방안

1. **신뢰와 권한 위임하기.** 중요한 프로젝트나 미션을 맡을 사람을 선정할 때, 신뢰를 표현하고 자율적으로 추진할 수 있도록 독려해 보자.

2. **공개적 지지와 일관성 유지하기.** 일단 위임한 일은 공개적으로 지지해 주고 의사결정에 대해 일관성을 유지해 보자. 일을 맡은 구성원에게 최고의 동기부여가 되며, 책임감을 가지고 최선을 다할 것이다.

3. **실수보다 성과에 집중하기.** 작은 실수나 예상치 못한 상황이 발생하더라도 성급하게 판단하지 말고, 필요한 때에만 지침을 주어 담당자가 스스로 문제를 해결하고 책임감을 가지고 완수하도록 돕자.

# 07
# 장기적 안목으로 조직의 R&R을 그려라

#장기적 안목 #조직 R&R #꾸준함 #끈기

대부분의 조직장은 현재 주어진 R&R(Role & Responsibility)과 비전에 집중하며 일하는 것이 당연하다고 생각한다. 회사에서 요구하는 역할에 충실하게 응답하고, 현재 맡고 있는 일을 잘 해내는 것은 매우 중요한 일이다. 그러나 리더는 현재에 머물지 않고, 자신의 조직이 나아가야 할 방향과 비전을 장기적인 관점에서 바라보며 끊임없이 그려 가고 실행해 나가야 한다.

실제로 한 임원이 우리 연구조직에 합류했을 때부터 보여 주었던 태도는 나에게 많은 인사이트를 주었다. 그 임원은 자신의 팀을 포함한 조직 전체의 R&R과 비전에 대해 명확한 생각과 열정을 가지고 있었다. 단순히 본인 조직의 현재 역할에만 매몰되지 않고, 상위 조직이 어떤 방향으로 변화하고 성장해야 하는지에 대해 이야기했다. 이러한 태도는 보통의 임원들과는 분명 다른 부분이었다.

처음 그의 이야기를 들었을 때는 그 방향성은 명확하고 올바른 것이었지만, 현실적으로 조직 간의 이해관계와 제한된 자원, 사내 협업 구조를 고려할 때 쉽게 이루어지지 않을 것이라고 생각했다. 실제로 몇 년간 수차례에 걸쳐 조직 운영 점검과 역할 확대 필요성에 관한 건의가 있었지만, 사내의 복잡한 이해관계와 장벽 때문에 가시적인 변화가 이루어지기는 어려웠다.

그런데도 그는 조직의 비전과 R&R에 대해 논의할 때마다 한결같이 회사의 미래를 위한 장기적인 역할에 집중했다. **그는 늘 큰 그림에서 회사의 핵심 경쟁력을 강화하는 방향으로 현 조직의 R&R이 변화해야 한다는 견해를 유지했다.** 이러한 장기적인 안목과 일관된 노력을 통해 그는 조직 내에서 영향력을 넓혀 갔다. 조직 내부적으로도 그의 열정과 방향성이 점점 수용되었고, 결국 그는 승진해 오랜 시간 동안 꿈꿨던 조직의 역할 확대와 비전 실현을 이루어 냈다.

지금 당신이 속한 조직의 R&R이 제한적이고 변화를 만들기 어렵다고 느껴질 수도 있다. 현재의 어려움과 한계를 뛰어넘기 위해서는 조직의 성장 방향과 목표를 장기적인 관점에서 바라보고, 그에 맞게 새롭게 조직의 역할을 설정해야 한다. 당장 눈앞의 변화는 작아 보일 수 있지만, **지속적으로 10년을 내다보며 노력한다면 그 비전은 점차 현실로 이루어질 것**이라는 믿음을 가져야 한다. 그러한 장기적 안목과 끈기가 진정한 변화를 이끌어 내는 열쇠가 될 것이다.

## ✓ 실천 방안

1. **현 조직의 R&R 검토하기.** 장기적인 관점에서 회사 미래를 놓고 봤을 때, 현 조직에서 해야 하는 역할과 책임에 대해 정리해 보자.

2. **해당 R&R에 대해 조직 내 공유하기.** 임직원들과 장기적 관점의 조직 비전과 역할을 공유하고, 꾸준히 소통하며 공감할 수 있도록 하자.

3. **회사 전체와 외부에 열린 태도를 갖자.** 회사가 처한 현황, 경쟁사와 시장의 변화가 현조직의 역할에 변화를 요구하기도 한다. 열린 마음으로 조직의 비전에 유연하게 반영하는 자세를 유지하자.

# 08
# 제약 없는 큰 그림을 먼저 그려라

**#큰 그림 #제약조건 #R&R #비전**

어떤 조직에서든 의사결정을 할 때는 다양한 제약 조건을 고려해야 한다. 하지만 이러한 현실적인 요인들을 모두 감안하다 보면, 원래 가야 할 방향을 잃어버리거나 의도와 다르게 판단하는 경우가 생기기 마련이다. 예산의 부족, 인력의 한계, 시간의 압박 등은 흔한 제약 요건들이고, 이 때문에 조직은 본래 계획보다 한정적인 범위 안에서 의사결정을 내리게 된다.

함께 일했던 연구소장이 강조했던 것은 바로 이런 제약을 뛰어넘어 더 넓은 시야로 큰 그림을 그려 보라는 것이었다. 그는 연구소장으로 취임한 후, 가장 먼저 각 팀별로 간담회를 진행했다. **연구소 전체가 나아가야 할 방향과 비전을 팀원들과 공유하고, 각 팀이 그 안에서 어떻게 역할을 수행할 수 있을지 고민하게 했다.** 이 과정에서 팀 리더들은 대부분 현재의 과제, 전문성, 현 인력 상태에 기반하여 제한된 중장기 계획을 수립하려고 했다.

그러나 그는 '현재의 자원이나 인력, 예산에 얽매이지 말고, 모든 것이 가능하다는 가정 하에서 조직이 나아가야 할 최상의 모습을 그려 보라.'는 과제를 던졌다. 이러한 방식은 기존의 접근법과는 사뭇 달랐다. 현실적인 제약에 얽매이기보다는 먼저 이상적인 그림을 그린 후, 그것을 실현하는 데 필요한 요소들을 파악하도록 유도한 것이다.

이렇게 큰 틀에서 가장 이상적인 방향을 상상하고 구체화하기 시작하자, 연구소장은 이를 바탕으로 스스로 해결해야 할 과제를 도출하고, 예산이 필요한 부분은 경영진과 협력해 지원을 요청하고, 인력이 필요한 부분은 인사팀과 조율하여 채용을 추진했다. 또한 조직의 R&R과 관련된 문제는 최고 경영진과 지속적인 대화를 통해 설득하며 해결해 나갔다.

이러한 접근은 처음에는 조직 내 많은 리더에게 어려운 도전이었다. 현실적인 자원과 제약에만 집중해 왔던 기존 방식에서 벗어나야 했기 때문이다. 하지만 시간이 지남에 따라 리더들은 이상적인 미래를 상상하는 데 익숙해졌고, 그 결과 현실과 비전을 조화시키며 조직의 방향성을 더욱 뚜렷하게 정립할 수 있었다. 중요한 것은 현실적인 제약에 발목 잡히지 않고 **이상적인 목표를 그리고 이를 향해 나아갈 구체적인 방법을 찾는 것**이었다. 훌륭한 리더는 현재의 자원에만 갇히지 않고, 제약을 해결해 나가며 조직의 성장과 혁신을 이끄는 방향타가 되어야 한다.

### ✓ 실천 방안

1. **이상적인 조직의 그림 그리기.** 주어진 제약 사항을 배제하고, 조직이 지향해야 할 이상적인 목표를 그려 보자.

2. **제약 조건을 나열하고 우선순위 정하기.** 방해 요인들을 나열하고, 예산, 인력, 조직, 시간 등 무엇이 부족한지 우선순위를 파악하자.

3. **제약 요인 해결 방안 세우기.** 필요한 자원을 확보하고 제약을 해결하기 위한 방안을 수립하자. 구체적인 성과와 장기적 이익을 명확하게 전달하여 최고 의사결정권자를 설득해 보자.

# 09
# 회사의 생존을 좌우하는 선택에 집중하라

**#생존 #선택과 집중 #우선순위 #전략**

회사에서 일하다 보면 '이 업무가 정말로 필요한가?'라는 생각이 들 때가 있다. 특히 경영 상황이 어려울 때, 이런 일에 많은 인력과 비용을 투입할 필요가 있을까 하는 의문이 커지게 된다. 많은 경우 주인의식 없이 본인 일이 아니라며 모른 척 지나치곤 한다. 하지만 이러한 태도는 회사와 개인 모두를 서서히 무너뜨린다. **회사의 생존과 성장에 힘을 모아 집중하지 않으면, 장기적으로 모든 구성원들이 어려운 상황에 처할 수밖에 없다.**

이전 회사에서 제품의 매출 하락으로 위기 상황이 벌어진 적이 있다. 이때 회사는 경영 위기에 대처하기 위해 예산을 긴축하고, 인력 채용도 최소화하며 생존 전략에 집중했다. 당시 경영진은 **"지금은 회사가 살아남는 데 집중해야 할 때"** 라고 강조하며, 팀원들을 하나로

묶어 핵심 목표를 세웠다. 신규 기술개발보다는 비용을 최소화하며 효율을 극대화할 수 있는 분야, 즉 SW 개선이나, 기존 장비 개조·개선을 통해 제품의 생산 수율을 높이는 활동에 집중했다.

핵심 인력들로 구성된 TF 팀을 만들었고, 50명에서 100명 규모의 팀이 사업부에 파견되어 직접 현장에서 문제를 발굴하고 개선 활동을 진행했다. 현장에서 사업부와 협력하며 긴밀한 소통을 통해 개선점을 찾아내고, 비용을 적게 들이면서도 성과를 극대화할 수 있는 방법을 찾아 나갔다. 물론 미래 준비를 위한 차세대 기술 개발과 같은 중요한 업무가 있었지만, 당시 경영진은 **우선순위를 정확히 알고 있었다.** 차세대 기술이 의미를 가지려면 회사의 매출이 우선 안정적인 상태여야 했다. 그래야만 그 기술이 본래 가치를 발휘할 수 있기 때문이었다.

결국 이 기간 동안 각 팀은 회사의 생존과 성장을 최우선으로 고려해 회사 차원의 우선순위를 따라 일할 수 있었다. 이러한 경험을 통해 알게 된 것은, 리더는 항상 조직의 일을 회사의 방향성과 일치시키고, **조직의 우선순위를 회사의 우선순위에 맞춰 조정하며 추진해야 한다**는 점이다.

지금 여러분이 맡고 있는 조직에서 가장 우선순위가 높은 일은 무엇인가? 그 일이 회사의 장기적인 매출 확대와 고객 가치 제공에 맞는 일인가? 그 일을 위해 조직의 리소스가 제대로 할당되고 있는지 점검해 보자.

### ✓ 실천 방안

1. **회사의 우선순위에 맞춰 집중하기.** 현재 조직에서 집중하고 있는 일이 장기적인 성장과 매출 확대에 맞는 것인지 점검해 보자. 그렇지 않다면 회사 우선순위에 맞춰 현 조직의 업무를 재정비하자.

2. **핵심 이슈에 자원 집중하기.** 예산이 부족하거나 인력 리소스가 제한적이라면, 가장 큰 효과를 낼 수 있는 업무에 리소스를 집중하자.

3. **경영진과 소통하며 방향 설정하기.** 회사 차원의 우선순위에 맞춰 재정비한 업무와 리소스는 반드시 경영진과 소통을 통해 얼라인하자.

# 10
# Shift Left + Aim High 하라

#초기 계획 #효율성 #큰 목표

제품을 개발하거나 프로젝트를 진행할 때, 가장 중요한 단계는 언제일까? S전자에서 일하면서 자주 들었던 이야기 중 하나는 바로 **초기 기획 단계가 프로젝트 성공의 핵심이라는 것**이다. 이유는 프로젝트가 어느 정도 진행된 후에 방향을 바꿔야 하거나 문제가 발견되면, 이를 수정하는 데 큰 비용과 노력이 들기 때문이다. 때로는 완성에 가까워진 프로젝트가 설계 단계로 완전히 되돌아가야 하는 일도 생긴다.

이런 어려움을 방지하기 위해 강조한 경영 키워드가 'Shift Left'다. 핵심은 **깊이 있는 고민과 다양한 시도를 가능한 한 초기 단계로 앞당겨, 충분한 시간을 들여 꼼꼼하게 계획을 세우라는 것**이다. 이를 통해 잠재적인 문제를 조기에 검토하여 해결함으로써 시간과 비용을 크게 줄일 수 있다. 또한 다양한 접근 방식을 초기에 시도하며 효과적인 방법을 찾는 과정에서 생기는 실패는, 이후의 방향에 확신을 심어주는 소중한 경험이 된다.

이와 함께 많이 들었던 키워드는 '**Aim High**'다. 목표를 정할 때 달성 가능한 수준에 머무르지 말고, 항상 높게 설정하라는 의미다. S전자 시절 매년 경영 전략을 수립할 때마다 높은 목표를 내세우던 임원이 있었다. 목표 수립 시 현실적으로 달성 가능한 수준을 염두에 두고 신중하게 제시하는 조직장이 많았지만, 그는 늘 남다른 기준을 세웠다. 무리한 목표가 아니냐는 우려에도, "**달성하지 못해 평가가 낮아진다면 내가 감당하겠다. 하지만 현실에 안주하면 조직은 성장하지 못한다.**"고 말했다. 그의 한마디는 나에게 강한 울림을 주었다. 불가능해 보였던 목표치도 결국 그 단호한 결단과 압도적인 열정에 이끌려 현실이 되곤 했다. 그가 'Aim High'를 외쳤던 것은 **단순한 목표 설정이 아닌, 책임감과 열정, 그리고 성장을 위한 약속**이었다.

초기에 다양한 시도와 고민으로 최선의 방향을 잡고, 그 방향을 향해 더 높은 목표에 도전하는 것. 'Shift Left'와 'Aim High'는 결국 우리에게 그 두 가지를 강조한다. 두려워하지 말고 한 발 더 앞서고, 한층 더 높이 바라보자. **조금 더 일찍 깊이 있게 고민하고, 지금의 한계를 넘어서면 미래의 성공은 그만큼 가까워질 것이다.**

### ✓ 실천 방안

1. **초기 단계에서 충분한 고민하기.** 전체 프로젝트 일정 수립 시, 초기 단계에 더 많은 일정을 할당하자. 다양한 고민과 시도를 거치고 꼼꼼하게 계획을 세우는 것이 이후 단계를 견고하게 만들어 줄 것이다.

2. **목표 설정 시 더 높게 잡기.** 당장 달성 가능한 목표에 만족하지 말고, 조직을 한 단계 성장시킬 수 있는 더 높은 도전 목표를 설정하자. 높게 잡은 목표는 구성원들의 열정과 성과를 끌어올린다.

3. **두 키워드를 경영 방침에 반영하기.** 구성원들이 높은 목표와 초기 단계의 깊은 고민을 자연스러운 업무 문화로 받아들이게 될 것이다.

# 11
# 실험실(현장) 문화를 활성화하라

#현장 중심 #연구 문화 #실험

여러분은 현장에서 일하고 있는가, 아니면 책상에 앉아 있는가? S전자에서 함께 일했던 연구소장은 늘 이 질문을 던졌다. 그는 항상 '현장에 답이 있다.'는 철학을 강조했고, 실제로 자신의 집무실을 마치 작은 실험실처럼 꾸며 놓았다. 책 대신 분해된 장비와 부품, 공구들이 놓여 있었다. 구성원들에게 이 모습을 보여 주며, 현장과 가까이 하는 태도를 몸소 보여 주고 싶었던 것이다.

그는 컴퓨터 설계와 문서 작업만으로는 좋은 결과를 만들 수 없다고 믿었다. 실험실, 즉 **현장에서 직접 만져 보고, 실험하고, 개선하며 배우는 과정이 더 중요하다고 생각**했다. 매주 열리는 팀별 간담회에서도 파워포인트 발표보다 현장 실험을 보여 주도록 유도했다. 책상에 앉아 계획과 보고서를 작성하는 것보다, 직접 실험실에 들어가 연구하고 문제를 해결해 보라는 의미였다. 그런 그의 경영 철학은 연구소 업무 문화 전반에 큰 변화를 일으켰다.

그는 시간이 날 때마다 실험실을 찾아다녔다. 몇 명의 엔지니어들이 실험실에서 실험을 하고 있는지 직접 눈으로 확인했다. **현장에서 열정적으로 일하는 엔지니어들은 그의 눈에 띄었고, 그들에게 더 다양한 성장 기회를 제공하기도 했다.** 이러한 현장 중심의 노력이 축적되자, 실험실은 더욱 활기를 띠기 시작했다. 필요한 인프라와 계측기들도 빠르게 지원되었고, 조직의 효율성도 크게 향상되었다. 실험실은 연구원들이 가장 많이 시간을 보내며 실제로 무언가를 만들어 내는 곳이 되었고, 그 속에서 의미 있는 성과와 혁신이 탄생했다.

당신의 업무 현장은 어디에 있는가? 건설업이라면 건물이 하나하나 세워지는 그 현장이, 서비스업이라면 고객을 직접 마주하는 그곳이, 마케팅 부서라면 소비자가 제품을 구매하는 바로 그 순간이 진정한 업무 현장이다. 책상 앞에 앉아 고민만 하고 있는 것이 아니라, 현장에 나가 보고, 듣고, 부딪히는 순간에 비로소 당신이 찾고 있던 해답이 보이기 시작할 것이다.

계획하고 분석하는 시간도 중요하지만, 현실에서 부딪히며 배우는 경험은 훨씬 더 강력한 통찰을 제공한다. 지금 당장 자리에서 일어나 현장으로 나아가라. **직접 보고, 느끼고, 문제를 해결하는 그 과정이야말로 당신의 성장을 촉진하고 조직을 앞으로 나아가게 하는 진짜 동력이 될 것이다.** 행동하는 리더가 되어, 현장에서 배운 경험이야말로 미래를 이끌어 가는 열쇠가 된다.

## ✅ 실천 방안

1. **현장 방문의 일상화.** 매주 현장을 직접 방문하는 일정을 만들어 보자. 책상 위에서 파악하지 못한 문제나 개선점을 발견하게 될 것이다.

2. **현장 중심 문화에 대한 격려.** 실험실과 현장에서의 다양한 시도를 격려하고, 특히 리더들이 현장을 자주 찾을 수 있도록 문화를 만들자.

3. **실험실·현장 성과 공유하기.** 실험실·현장에서 발견한 문제를 해결한 사례나, 개선 아이디어, 실패 사례를 공유하며 현장의 경험이 조직 내에서 중요한 가치로 인식되게 하자.

# 12

# 메시지 전달은 100번 넘게

**#메시지 전달 #Align #경영 방침**

대기업에서 수천 명의 조직을 관리하다 보면, 경영진의 의사결정이나 전략이 모든 구성원들에게 제대로 전달되기가 쉽지 않다는 것을 알게 된다. 상위 임원과 팀장들을 통해 내려 보낸 메시지가 사원 레벨까지 도달하는 동안 그 의미가 변질되거나, 의도와 취지는 사라진 채 '위에서 시키니까' 하라는 식으로 전달되는 경우가 많다. 그 결과 조직원들은 리더의 의도나 조직의 방향성을 제대로 이해하지 못한 채 업무를 수행하고, 오히려 불만만 쌓여 간다.

한 번은 연구소장이 사업부 사장과의 미팅 내용을 공유하면서 이렇게 말했다. "조직원들에게 전달한 메시지가 좀처럼 제대로 전해지지 않는 것 같아 고민입니다." 이에 사장은 웃으며 답했다고 한다. "당연한 거예요. 메시지는 100번 넘게 전달해야 비로소 조직 전체에 제대로 스며들게 마련입니다."

　이 조언을 듣고 나서 연구소장은 이후로 중요한 메시지를 반복해서 임원들에게, 팀장들에게, 그리고 모든 조직원들에게 강조했다. 같은 내용이라도 다른 자리에서, 다른 맥락에서 되풀이하며 그 의미와 키워드를 각인시키는 데 힘썼다. 이는 단순한 반복이 아니었다. **의도와 취지가 담긴 메시지가 각 조직원들의 마음에 닿을 때까지 끝없이 전하는 것이었다.** 조직의 목표나 대표이사의 키워드가 진정으로 사원 레벨까지 전달되기 위해서는, 말로만 지시하는 것이 아니라 그 의도가 사내 문화로 자리 잡을 수 있게 하는 노력이 필요했다.

　리더로서 조직을 이끌고 있다면, **한 번 이야기했다고 조직원들이 다 알아들었을 거라 생각하지 말자.** 중요한 메시지는 두 번, 세 번, 아니 그 이상 반복해서 전달하고 확인해야 한다. **의미를 전달하는 건 단순히 지시를 내리는 게 아니라, 그 가치를 심고 조직의 방향을 함께 바라보는 것임을 잊지 말자.** 지금의 반복이 장기적인 성장의 씨앗이 될 것이다.

### ✓ 실천 방안

1. **메시지 반복적으로 전달하기.** 중요한 메시지는 다양한 자리에서 여러 번 반복해 전달하자. 회의, 브리핑, 내부 문서 등을 통해 같은 메시지를 다각도로 조직원들에게 각인되도록 노력하자.

2. **다양한 레벨에서 피드백 확인하기.** 메시지가 잘 전달되었는지 팀장, 사원 등 모든 레벨에서 확인하자. 의도와 의미까지 제대로 이해했는지 질문하고 대화를 통해 피드백을 받는 것이 중요하다.

3. **메시지에 스토리 연결하기.** 전달하려는 메시지에 스토리를 만들어 전달한 내용이 조직원들에게 오래 기억될 수 있도록 하자.

# 13
# 불필요한 문서 작성을 없애라

**#선택과 집중  #효율성  #문서 작성**

어느 직장에서든 "업무에서 가장 불필요한 게 무엇인가요?"라고 물으면, 많은 이들이 쓸데없는 회의와 문서 작성을 꼽는다. 실제로 업무 개선을 위한 워크숍을 해 보면, 매번 빠지지 않고 나오는 단골 메뉴가 바로 이 두 가지다. 하지만 개선을 위해 늘 지적은 해도 막상 실질적인 변화는 잘 이루어지지 않는 게 현실이다. 특히 문서 작성의 경우, 조직마다 여러 이유로 고착화된 부분이 많기 때문이다.

S전자에서 일할 때도 회의 효율화와 문서 작성 간소화를 위해 다양한 개선 방안을 도출했다. 회의는 마감 시간을 정하고, 어젠다를 미리 공지하며, 의사결정과 향후 액션 아이템을 빠르게 도출하는 것으로 논의되고 실행되었다.

하지만 문서 작성만큼은 효율화하기가 어려웠다. 많은 경영진들이 불필요한 문서 작성을 없애라는 취지로 지시했지만, 오랜 시간 파워포인트로 내용을 정리해 왔고 보고를 받아 왔기에 그 방식이 굳어져 있었다. 문서를 최소화해서 보고하라고 해도, 파일에 추가 자료를 첨부하는 등 문서의 본질이 바뀌지 않았다.

그러던 중 신임 연구소장이 부임했고, 그는 근본적으로 문서 작성의 부담을 없애기로 결심했다. 본인이 주관하는 회의에서는 파워포인트 사용을 금지하고, 발표는 사진이나 엑셀과 같은 가공되지 않은 자료와 실제 실험실에서 결과를 보여 주도록 했다. 소프트웨어는 프로그램을 실제로 실행해 보며 보고를 받았다.

**말로만 지시한 것이 아니라, 현실적인 대안을 찾고 과감하게 실행했기 때문에 이렇게 진정한 변화를 이끌어 낼 수 있었다.** 그는 회의 중 파워포인트 자료를 띄우면, 자료를 내리고 구두 설명을 지시했다. 또한 핵심 개발자들이 자리에 앉아 문서를 작성하는 모습을 발견하면 현장에 나가 실험과 검증을 하라고 지시했다.

지금 당신이 속한 조직의 불필요한 업무는 무엇인가? 그중 하나를 골라 이를 없앨 수 있는 과감한 실행 방안을 마련해 보라. **진정한 변화는 말이 아닌 실천에서 시작된다. 이런 작은 변화들이 쌓여 건강한 조직으로 성장시킬 수 있을 것이다.**

## ✅ 실천 방안

1. **불필요한 문서 확인하기.** 직원들이 작성하는 보고서와 문서를 검토해 보고, 의사결정에 필요한 핵심 정보만 전달할 수 있도록 간소화하자. 불필요한 양식을 과감하게 버리고 표준화하자.

2. **직접 확인하고 피드백하기.** 문서보다는 실질적인 결과와 과정을 직접 눈으로 확인하고 피드백을 주자.

3. **과감하고 꾸준하게 실천하기.** 구성원들이 변화를 체감할 수 있도록 과감하게 시도하고, 긍정적인 업무 환경의 변화를 쌓아 가자.

# 14
# 극진함으로 상대방을 감동시켜라

**#네트워킹 #관계 #열정**

고위 임원진들과 함께 일하면서 공통적으로 배운 중요한 원칙 중 하나는, **외부에서 중요한 손님들이 올 때 최선을 다해 그들이 환대를 받고 있다는 느낌을 주는 것**이었다. 이런 세심한 배려와 준비는 외부 VIP와의 관계를 강화하여 이후 프로젝트나 협력에서 큰 성과를 이끌어 내는 중요한 요소가 되었다. 그 과정에서 배운 상대방을 감동시키고 관계를 강화할 수 있는 세 가지 핵심 전략을 이야기하고자 한다.

첫째, **외부에 자랑할 수 있는 특별한 사내 경험을 제공하는 것**이다. 출입 시점부터 VIP 배지를 제공하고, 공개 가능한 범위 내에서 최대한 일반적으로 접하기 어려운 내부 업무 환경도 경험하게 해 주는 것이다. 이 특별한 경험은 손님들에게 귀중한 기억이 되고, 복귀 후 큰 자랑거리가 된다. 또한 이는 곧 신뢰감과 파트너십을 더욱 공고히 하는 계기가 된다.

둘째, **독특하고 인상적인 식사 경험**을 선사하는 것이다. 물론 식당의 맛과 분위기도 중요하지만, 가장 중요한 것은 손님에게 자신이 **얼마나 귀하게 대접받고 있는지 느끼게** 해 주는 것이다. 예를 들어, 가급적 높은 직급의 임원이나, 많은 임원이 참석하는 식사 자리를 마련해 손님을 맞이하면, 그 자체만으로도 특별 대우를 받고 있다는 느낌을 준다. 회사 내부의 특별한 공간을 활용해 식사 분위기를 더욱 격조 있게 만들 수도 있다. 이는 단순한 식사 이상의 의미를 부여하며 상대방에게 진심으로 환대받고 있다는 감동을 남긴다.

셋째, **기억에 남을 선물을 준비하는 것**이다. 평범한 볼펜이나 식상한 기념품을 전달하지 말자. 손님의 취미나 성향을 미리 파악하여 의미 있는 선물을 한다면 그 감동은 배가 된다. 실제로 VIP와의 식사나 대화에서 취미를 파악하고, 그에 맞는 선물을 준비하면 비즈니스 관계가 훨씬 부드러워지고 친밀감도 높아진다. 그 진심 어린 준비가 상대방에게 특별함을 느끼게 해 주고, 비즈니스 파트너로서의 신뢰와 인간적인 유대감을 동시에 쌓게 한다.

어떤 일을 하든 혼자만의 노력으로는 최고의 결과를 만들기 어렵다. 최고의 위치에 서더라도 시간이 많이 걸린다. 하지만 **주변에 함께할 수 있는 회사의 리더들을 내 파트너로, 나를 좋아할 수 있는 친구로 만들어 간다면 그 성장과 성과는 깊고 의미 있는 결과로 이어질 것이다.**

이제부터 회사에 도움이 될 만한 사람이 찾아온다면, 마음을 다해 진정성 있는 환대를 해 보자. 그 마음은 상대방에게 전해져, 여러분이 예상하지 못했던 기회와 선물을 가져다줄 것이다.

> ### ✅ 실천 방안
>
> 1. **외부 손님 방문 시 특별한 경험 제공하기.** 우리 회사에서만 경험할 수 있는 것 중에서 외부에 자랑거리가 될 만한 경험을 기획해 보자.
>
> 2. **대접받는 느낌이 드는 식사 자리 만들기.** 단순한 식사 이상의 감동을 줄 수 있도록 참석자, 장소, 음식, 자리에 의미를 부여해 보자.
>
> 3. **맞춤형 선물 준비하기.** 손님의 관심사나 취미를 미리 파악해 기억에 남는 의미 있는 선물을 준비하자. 배우자 선물도 좋은 팁이다.

**Part 4 요약**

# 거인의 어깨 위에서 배운 리더십

---

1. **우뇌형 상사에게 더 끌린다**
인간적인 리더십과 공감은 조직 구성원들에게 큰 동기부여가 된다.

2. **기술·운영·문화로 프레이밍하라**
조직 운영의 큰 틀을 3가지로 나누어 명확히 설정하라.

3. **때로는 호통과 유머도 필요하다**
단호함과 유머를 적절히 활용해 조직의 긴장감과 분위기를 조절하라.

4. **환경과 문화와 업무 방식을 바꿔라**
조직을 맡게 되면 물리적 환경, 조직 문화, 업무 방식에 변화를 줘라.

5. **지원 조직의 중요성을 인식해라**
지원 조직의 역할과 영향력을 이해하고, 그들의 전문성을 활용하라.

6. **일단 믿었으면 끝까지 신임해라**
팀원에게 권한을 주었다면 그들을 믿고 끝까지 지지하라.

7. **장기적 안목으로 조직의 R&R을 그려라**
현 조직의 R&R을 머무르지 말고, 전사차원의 장기적 R&R을 고민하라.

8. **제약 없는 큰 그림을 먼저 그려라**
이상적인 조직의 미래 모습을 그리고, 제약 요소를 해결해 나가라.

9. **회사의 생존을 좌우하는 선택에 집중하라**
조직의 핵심 미션과 가장 중요한 문제에 자원을 집중해라.

10. **Shift Left + Aim High 하라**
초기 단계에서 최대한 깊이 고민하고, 목표는 더 높게 설정하라.

### 11. 실험실(현장) 문화를 활성화하라
이론보다는 현장 중심의 경험과 실험을 통해 더 나은 결과를 만들어라

### 12. 메시지 전달은 100번 넘게
핵심 메시지는 반복적으로 전달하고, 지속적으로 확인하라

### 13. 불필요한 문서 작성을 없애라
핵심 정보에 집중하고 불필요한 문서와 보고를 과감히 줄여라

### 14. 극진함으로 상대방을 감동시켜라
상대방을 진심으로 대하고, 작은 배려와 정성으로 깊은 인상을 남겨라

Part 5

# 시간이 갈수록
# 마음 관리

# 01
# 힘들고 지칠 때 This shall pass away

#기다림 #끈기 #마음 관리 #기도

직장 생활을 하다 보면 누구나 어려운 순간을 겪는다. 상사로 인한 스트레스, 승진에서의 누락, 업무로 인한 과중한 압박, 동료와의 불화, 회사에 대한 불만 등 다양한 도전이 닥쳐올 수 있다. 때로는 힘든 상황들이 끊임없이 반복되고 개선의 여지가 보이지 않으면 부정적인 감정이 마음을 지배한다. 이럴 때 많은 이들이 퇴사나 새로운 길을 고민하며 고뇌한다.

그런데 과연 지금의 어려움은 정말 극복할 수 없는 문제일까? 시간이 지나면 자연스레 해결될 문제는 아닐까? 나 역시 직장 생활을 하며 힘든 순간들을 겪었지만, 되돌아보면 시간이 지나면서 자연스럽게 상황이 바뀌는 경우가 많았다. 상사가 바뀌고, 업무가 전환되고, 예상치 못한 기회가 찾아와 힘들었던 경험들이 결국 나를 더 단단하게 성장시켰다.

　내가 함께 일했던 존경하는 리더 중에 항상 여유 있는 미소를 지으며 평정심을 잃지 않았던 경영진이 있었다. 1,000명이 넘는 조직을 이끌며 쏟아지는 일과 걱정거리가 넘쳤을 텐데도 늘 평온한 표정을 유지하는 것이 인상적이었다. 그 평온의 비결이 무엇일까 궁금했는데, 어느 날 아침 일찍 출근해 그 비밀을 알게 되었다. 선배 임원으로부터 그 리더가 매일 새벽, 출근 전에 교회에 들러 기도하고 온다는 이야기를 들었다. **그날 나는 그의 평온함은 믿음에서 비롯되었다는 것을 알았다.**

　그 리더가 조직의 수장으로 승진해 본인의 사무실에 앉아 흐뭇한 미소로 주변을 둘러보던 모습이 아직도 잊히지 않는다. 그 자리까지 수많은 우여곡절을 담담하게 되돌아보는 듯한 표정이었다. 그 후 그는 항상 사무실 한쪽 벽에 "This shall pass away."라는 글귀를 적어 두었다. **어떠한 어려움이 와도 '이 또한 지나갈 것'이라는 믿음으로 견디고 나아갔던 것이다.** 힘들 때마다 그 글귀는 나에게도 커다란 위안이 되었다.

　지금 여러분에게도 버거운 어려움이 있다면, 잠시 눈을 감고 "이 또한 지나가리라."라고 마음속으로 이야기해 보자. 그리고 진심으로 마음의 평화를 찾고 기도한다면, 지금의 시련도 언젠가 지나갈 것이다. 그리고 그 과정에서 여러분은 더 단단히 성장할 것이다. 어려움 속에서도 한 걸음씩 앞으로 나아갈 힘을 믿어 보자.

## ✅ 실천 방안

1. **긍정적 마인드셋 유지하기.** 힘든 상황에서도 작은 일에 감사하며 매일 긍정적인 생각을 유지하자.
2. **긍정의 문구를 보이는 곳에 두기.** '이 또한 지나가리라.'와 같은 문구를 잘 보이는 곳에 두고, 힘들 때 위안을 삼아 보자.
3. **일상 속 안정의 루틴 만들기.** 자신만의 안정된 루틴을 만들어 보자. 명상, 운동, 독서, 기도 등 매일 규칙적인 활동은 어려운 상황을 견디는 힘을 길러 줄 것이다.

## 02
# 스스로 외로운 리더가 되지 마라

**#기다림 #끈기 #마음 관리 #기도**

리더로 성장할수록 외로움을 느끼는 순간들이 늘어난다. 자신의 말에 진정으로 공감해 주는 사람을 찾기가 쉽지 않고, 주변 사람들에게는 어려운 상사로만 여겨진다. 조직원들은 상사의 모든 말과 행동을 평가의 잣대로 보게 되고, 업무에 대한 부담감 속에서 함께하는 식사조차 편하지 않게 느낀다. 이렇게 시간이 지날수록 리더는 직원들에게 부담스럽고도 멀게 느껴지는 존재로 변해 가고 만다.

조직장을 처음 맡고 나서, 할 일은 쌓여 가는데 팀원들의 업무에 대한 태도가 내 마음과 같지 않았다. 일을 같기더라도 처리 속도와 완성도가 생각만큼 나오지 않았다. 또한 업무를 태분할 때마다 본인이 하고 있는 일이 있음에도, 추가 업무가 주어지는 것에 불만을 느끼는 경우도 많았다. 그럴 때면 '차라리 내가 직접 하는 게 빠르겠다.'

는 생각에 스스로 일을 맡아 늦게까지 야근을 하곤 했다.

그렇게 시간이 흘러가며 한 가지 깨닫게 된 것은 후배들의 역량을 파악하고, 그에 맞는 적절한 업무를 배분하는 것이 리더로서 가장 중요한 역할이라는 점이었다. 누구나 처음에는 역량이 부족하기 마련이고, 그들의 성장을 돕기 위해 코칭과 피드백이 필요하다는 것도 깨달았다. 이 중에 내가 가장 신경을 많이 쓴 부분은 **태도가 좋은 후배들을 코칭해서 업무 역량을 향상시키고, 성과를 만들어 주고 개인적으로 성장할 수 있도록 격려하고 도와주는** 일이었다. 이러한 관계 속에서 서로 성장해 나가며 성과를 만들어 갈 때 진정한 신뢰가 쌓였다.

가끔 선배 리더들은 후배들에게 만큼은 나의 힘든 마음을 보이지 말라며 조언해 준다. 하지만 내 마음을 숨기며 억지로 감추는 것은 좋지 않다. 오히려 진정성을 가지고 다가가면 그 마음이 전달된다고 생각한다. 그래서 함께 고민하고, 어려움을 나누고, 더 나아가 조언을 구하기도 하면서 더 깊은 공감대를 만들었다. 업무적인 부분뿐 아니라, 가정사나 인생에 대한 진솔한 이야기를 나눌 때 관계는 더 깊어졌다. 사춘기 아들에 관한 걱정을 나누고, 남자친구가 생긴 딸에 대한 조언을 구하며 인간적으로 소통하는 시간 속에서 후배들은 나의 마음을 이해하고 더욱 가까워지게 되었다.

이러한 관계 속에서 서로 의지하게 되면, 리더가 회사에서 맡은 어려운 일들도 후배들은 자신의 일처럼 함께 고민하고 지원하게 된다. **진심으로 후배들을 아껴 주고, 칭찬하며 그들의 성과를 인정해 주는 리더는 결국 후배들의 마음을 얻는다.** 회사의 목표와 조직의 성과만을 내세우며 후배들을 다그치는 리더는 외로움을 피하기 어렵다. 진심으로 소통하고, 그들의 성장을 돕는 멘토가 될 때, 비로소 당신은 외롭지 않은 리더로 거듭나게 될 것이다.

>  **실천 방안**
>
> 1. **후배와 적극적으로 소통하기.** 업무 외적으로 개인적인 고민이나 성장을 나누는 대화를 자주 갖도록 하자. 그들의 목소리를 들어주고 진정으로 공감하는 시간을 마련해 보자.
> 2. **코칭을 통해 후배 역량 키워 주기.** 후배들에게 업무를 위임하고 코칭 하면서 그들의 역량을 키워 보자. 그들이 성장하는 만큼 리더로서 자신도 함께 성장하게 되고, 함께하는 일의 의미를 느낄 수 있다.
> 3. **후배들의 역량에 맞는 업무 배분하기.** 조직의 업무를 분석해 보고 후배들의 역량, 성장 방향에 맞게 배분하자. 이때 깊은 대화는 필수다.

# 03

# 소통의 시작, 일대일 티타임

**#마음 열기 #관계 #마음 관리**

　의외로 많은 직장인들은 선후배와의 일대일 티타임을 부담스러워하고, 적극적으로 그런 자리를 만들지 않으려는 경향이 있다. 그러나 **평소의 가벼운 티타임이 상호 간 좋은 감정의 연결을 만들어 준다.** 상대방을 더 잘 이해하고, 연결되어 가는 시간은 결코 시간 낭비가 아니다. 마음을 열고 자연스럽게 다가가는 것만으로도 좋은 관계를 맺을 수 있다.

　또한 이런 가벼운 만남을 통해 회사 분위기나 유관 부서, 선후배들의 상황을 자연스럽게 알게 된다. 회사의 가십을 수집하라는 것은 아니지만, 조직 안에서 일어나는 흐름이나 분위기를 파악하는 것은 의외로 중요한 일이다. 어느 날 상사가 경영진 보고에서 좋지 않은 피드백을 받고 돌아왔을 때, 그 사정을 모른 채 업무 결재를 올리면 실수할 수 있다. 또한 가족의 건강 문제로 힘들어하는 후배의 상황을 모르고 무심코 상처 주는 말을 할 수도 있다. 이처럼 서로의 상황을 자연스럽게 알고 있으면, 미리 배려할 수 있는 부분이 생기고 불필요한 오해나 갈등을 줄일 수 있다.

티타임은 특별한 목적을 가지고 이루어지기보다는, 그냥 가볍고 자연스럽게 진행될 때 그 효과가 가장 크다. 서로의 상황에 대한 관심이 생기고 정보가 공유되면 업무적인 부분에서 이해와 협조가 더 수월해진다. **이러한 소통을 통해 업무가 얼라인되고, 신뢰와 안정감을 얻을 수 있다.**

다만 이런 자리에서 주의할 점이 있다. **가능한 타인에 대한 부정적인 언급은 삼가야 한다.** 내가 뱉은 말은 결국 어떻게든 상대방에게 전달된다고 생각해야 한다. 해당 이야기의 당사자가 들어도 문제없을 정도의 대화에 머무르는 것이 현명하다.

만약 시간이 부족하거나 일대일로 자리를 넣기 어렵다면, 사내 메신저를 적극적으로 활용하는 것도 좋은 방법이다. 메신저를 통해 간단한 대화나 응원이 오고 가며 관계의 긴밀함을 유지할 수 있다. 다만 직접 만나서 나누는 대화가 상대방의 마음을 여는 데 더 효과적이라는 점을 기억하자. 대면 대화에는 그런 강력한 힘이 있다.

오늘 용기를 내어 가까운 선배나 동료, 후배와 차 한잔을 하며 일상 속 소소한 이야기부터 업무 이야기까지 나누어 보는 것은 어떨까? 그런 **작지만 진솔한 시간이 쌓이면 여러분의 회사 생활은 더 따뜻하고 유연해질 것이다.**

## ✓ 실천 방안

1. **가벼운 티타임을 자주 만들기.** 특별한 목적이 없이도 자연스럽게 선후배들과 차 한잔 나누며 대화해 보자.

2. **제3자에 대한 부정적 이야기 삼가기.** 제3자가 들어도 문제가 없을 정도의 긍정적인 이야기와 정보를 나누자.

3. **메신저를 활용하여 응원하기.** 일대일 대면이 어려운 경우에는 사내 메신저를 활용해 가볍게 정보를 공유하거나, 응원의 메시지를 보내며 관계를 유지하자.

# 04
# 자신감을 키우는 작은 도전들

**#자존감 #자신감 #효능감**

살다 보면 누구나 자존감이 떨어지는 경험을 하게 된다. 여러 이유가 있겠지만, 대부분 다른 사람들과 자신을 비교하면서 그런 마음이 들기 마련이다. 나보다 일을 잘하는 사람, 더 많은 돈을 버는 사람, 외모가 뛰어난 사람, 말을 잘하는 사람과 비교하면서 나의 자존감이 자연스럽게 낮아지곤 한다. 그 외에도 반복된 실패나 지속적인 지적, 혹은 자신이 중요하게 생각한 일에서의 좌절은 자존감에 큰 타격을 줄 수 있다.

이런 **자존감이 떨어진 상황을 극복하기 위해서는 작지만 확실한 목표를 세우고 도전하는 것이 큰 도움이 된다.** 예를 들어, 야나두의 김민철 대표는 사업에서 여러 번 실패하고 자존감이 바닥일 때, 하루 세 번의 양치질을 하며 재기를 꿈꾸었다고 한다. 내 능력으로 매일 실천할 수 있는 작은 도전은 그 성취를 통해 자존감을 회복시키는 중요한 동력이다.

나의 경우도 비슷하다. 자존감이 떨어질 때, 팔굽혀 펴기 10개, 윗몸 일으키기 20개, 턱걸이 5개 등 내가 할 수 있는 작은 목표를 세우고 매일 실천했다. 조금씩 목표를 늘려 가며 어느새 팔굽혀 펴기 50개, 윗몸 일으키기 60개, 턱걸이 10개도 해낼 수 있게 되었다. 이렇게 성취감을 느끼고 스스로의 성장을 체감하는 작은 도전들을 해내면 자존감을 높이는 데 매우 큰 효과가 있다.

또한 자신이 잘하는 것을 다른 사람과 나누는 것도 자존감 향상에 도움이 된다. 운동을 잘한다면 친구나 후배에게 가르쳐 보자. 외국어를 잘한다면 외국인들에게 한국어를 가르치거나 회사 내 세미나를 통해 자신의 전문성을 공유하는 것도 좋은 방법이다. **자신이 가진 작은 재능이라도 누군가에게는 매우 큰 도움이 될 수 있고, 그것을 나누는 과정에서 내가 가진 가치를 새롭게 인식하게 된다.**

특별한 재능이 없다고 느껴질 때는 **봉사활동도 좋은 방법이 될 수 있다.** 사회단체나 교회 등에서 장애인, 어르신들을 돕는 활동을 하면서 내가 사회에 기여할 수 있음을 깨닫게 되면, 작은 성취와 함께 자존감이 자연스럽게 올라갈 것이다

내가 잘할 수 있는 작은 일부터 후배와 동료들에게 나누어 보자. 귀찮고 번거롭다고 생각될 수 있지만, 이런 과정을 통해 내가 가진 능력은 더 발전하고, 주변의 인정과 신뢰를 얻게 된다. 이러한 과정이 반복되다 보면 자연스럽게 자존감도 높아지고, 회사 내에서 내가 맡은 역할이 더 크게 느껴질 것이다.

## ✓ 실천 방안

1. **작은 성취감 경험하기.** 반드시 달성할 수 있는 가벼운 목표를 정하고 매일 실천하면서 성취감을 얻자.

2. **재능 나누기 실천하기.** 내가 잘하는 것을 주변 사람들과 나누며, 자존감을 높이고 의미 있는 성장을 이루어 보자.

3. **사회 봉사활동 하기.** 사회에 기여할 수 있는 봉사활동을 시작하자. 사회에 기여하면서 보람과 함께 자존감이 올라갈 것이다.

# 05
# 하루 30분, 나를 위한 시간

**#마음 관리 #행복감 #평온함**

혹시 아침 일찍 출근해 정신없이 일하다가 저녁 늦게 별을 보며 퇴근한 적이 있는가? 집에 돌아오면 육아와 집안일로 쉴 틈 없이 지내고 있지는 않은가? 이런 일상이 반복되면서 스스로를 몰아세우고 있지는 않은가? 경제적인 책임감과 더 나은 미래를 위한 희망 속에서, 나를 위한 시간을 잊어버리고 주어진 환경에만 맞춰 살아가고 있지는 않은가?

많은 직장인들이 이러한 질문에 "그렇다."고 답할 것이다. 나 역시 그런 시기를 겪었다. 업무 역량을 쌓기 위해, 좋은 평가와 승진을 위해, 목표에 더 빨리 도달하기 위해 "지금은 쉬면 안 돼."라고 스스로를 몰아세웠다. 하지만 시간이 흐르면서 깨닫게 되었다. **몸과 마음의 지침을 극복하려면, 일상 속에서 나만을 위한 짧은 시간이 반드시**

**필요하다**는 사실을 말이다.

아침에 30분 일찍 일어나 성경을 읽고 묵상하거나, 점심 시간에 잠시 산책을 하고, 퇴근길에 사우나에 들러 몸을 담그는 작은 습관에 내 일상은 더 건강해지고 균형이 잡혔다. 비록 짧은 시간이지만 그 시간 동안 나를 돌아보는 것이 진정한 휴식과 활력을 주었다. 이렇게 내가 좋아하는 일에 30분을 할애하는 것이 얼마나 달콤하고 소중한지 모른다.

만약 시간이 없다고 느껴진다면 이렇게 생각해 보자. 어느 날 목에 통증이 와서 병원에 갔는데 디스크 진단을 받았다. 의사는 매일 물리 치료를 받으라고 권유하고, 결국 나는 2개월 넘게 매일 1시간씩 치료를 받으러 다닐 수밖에 없다. 회복을 위해 물리 치료를 빼놓을 수 없듯이, **나 자신을 위한 시간도 마찬가지로 일상 속에서 꼭 챙겨야 할 필수적인 시간이다.**

지금 여러분의 몸이나 마음이 원하는 일이 있다면 더 미루지 말고 시작해 보자. 30분이 부담스럽다면 10분부터 시작해도 좋다. 이 작은 시간이 더 큰 스트레스와 압박에서 벗어날 수 있도록 하는 **긍정적인 에너지를 만들어 줄 것이다.** 그 시간이 쌓여 가다 보면, 어느 날 문득 그 작은 변화들 덕분에 당신이 더 단단하고 빛나는 사람이 되었음을 깨닫게 될 것이다.

### ✓ 실천 방안

1. **매일 30분 나만의 시간 정하기.** 아침, 점심, 저녁 중 하루의 한 구간을 나만의 시간으로 계획하고 꾸준히 지켜보자.

2. **작은 일상에서 나를 위한 활동 찾기.** 기도, 명상, 운동, 독서, 음악 등 마음을 다스릴 수 있는 간단한 활동을 찾아보자. 휴대폰은 잠시 꺼두고 오롯이 내가 좋아하는 것에 집중해 보자.

3. **작은 시간 중요하게 여기기.** 나에게 투자하는 30분을 미루지 말고, 그 시간의 중요성을 인식하며 일상 속에서 꼭 지켜내 보자.

# 06
# 마음챙김, 작은 쉼의 힘

**#마음챙김 #평온함 #꾸준함**

바쁘게 근무하던 시절, 매일 업무 리스트가 10개씩 쌓여 갔다. 아침 일찍 출근하고, 밤늦게 퇴근해도 줄어들지 않는 업무는 내 머릿속을 가득 채웠다. 회의 준비, 자료 조사, 후배들의 업무 확인 등, 끝없이 이어지는 일정을 맞춰 가다 보면 어느새 내 하루는 온전히 일로만 채워졌다. 그때 우연히 회사에서 진행하는 마음챙김 프로그램에 참여할 기회가 생겼다. 사실 큰 기대는 없었고 점심 시간을 이용해 짧게나마 명상을 해 보자는 생각뿐이었다.

조용한 방 안에서 나와 몇 명의 동료들이 명상 선생님과 함께 앉았다. 처음에는 눈을 감고 호흡에만 집중하라는 선생님의 가이드에 따라 조용히 코로 숨을 들이마시고 내쉬었다. 그렇게 5분쯤 지나자, 머릿속을 가득 채웠던 복잡한 생각들을 하나씩 내려놓을 수 있었다.

**호흡에만 집중하는 이 간단한 과정을 통해 내 머리는 맑아지고 마음은 차분해졌다.** 그때서야 내 몸과 마음이 원하던 것이 이런 '쉼'이었음을 깨달았다.

그 후로 마음챙김 프로그램에 꾸준히 참여하며 다양한 명상법을 배웠다. 누워서 하는 명상, 소리를 들으며 집중하는 명상, 차를 마시며 그 향과 맛에 집중하는 명상, 걸으면서 발바닥에 집중하는 걷기 명상 등 여러 방식이 있었다. 이 명상들의 핵심은 과부하가 걸린 머리가 쉬도록 하는 것이다. 생각을 내려놓고 감각에 몰입할 때 우리의 마음은 차분하고 평온해진다.

불안하거나 긴장될 때는 신경계가 예민하게 반응하면서 깊은 호흡을 하기 힘들고, 표정이 굳으며 심장이 빨리 뛴다. 이런 상태에서 우리가 통제할 수 있는 유일한 것은 **바로 호흡**이다. 호흡을 천천히 깊게 조절하면, 마음이 안정되고 불안감을 덜어낼 수 있다. 이 과정을 통해 우리는 내면의 평화를 다시 찾아갈 수 있다.

일상에서 간단한 명상 방법들을 익히자. **요즘은 유튜브나 다양한 앱을 통해 언제 어디서나 명상 프로그램을 접할 수 있다.** 익숙해지면 버스 안에서나 걸으면서, 혹은 자기 전 누워서도 짧은 명상을 하며 마음이 쉬는 시간을 가질 수 있다. 복잡한 일들로 머리가 가득 차 있더라도, 잠시 10분을 내어 마음챙김 명상을 해 보자. 지금 여러분의 몸과 마음이 가장 필요로 하는 '쉼'일 것이다.

### ✓ 실천 방안

1. **매일 10분 명상 시간 갖기.** 바쁜 일상 중에 잠시라도 호흡에 집중하고 생각을 비우는 시간을 가져 보자.

2. **다양한 명상법 시도해 보기.** 소리에 집중하거나, 차를 마시며 감각에 집중하는 등 다양한 방법을 통해 자신에게 맞는 명상법을 찾아보자.

3. **호흡을 깊고 천천히 조절하자.** 불안하고 긴장이 될 대, 언제든 호흡에 집중하여 천천히 숨을 들이쉬고 내쉬며 마음을 안정시켜 보자.

# 07

# 실수는 빨리 잊고, 아름답게 포장하라

**#실수 #극복 #마음 관리**

　직장 일을 하다 보면 준비했던 발표를 망치거나 관계에서 불필요한 감정 소모를 하고, 잘못된 의사결정 때문에 심리적으로 흔들리기도 한다. 이런 경험은 누구나 겪는 일이다. 하지만 문제는 이러한 실수를 계속 떠올리며 스스로를 괴롭히는 데 있다. '그때 왜 그랬을까?'라는 생각에 빠져들면, 그 실수는 마치 끝나지 않은 일처럼 계속해서 신경을 자극하고, 결국 그 상황이 트라우마가 되어 비슷한 상황에서 더 큰 스트레스를 받게 된다.

　이럴 때 **가장 좋은 방법은 의식적으로 그 상황을 지워 버리는 것**이다. 마치 아무 일도 없었던 것처럼 그 기억이 떠오를 때마다 과감히 무시해 버리자. 기분 좋았던 기억을 떠올리거나 기쁜 일에 집중하는 것도 좋은 방법이다. 사실 많은 사람들이 과거의 실수를 극복하기 위해 비슷한 상황을 일부러 만들어 가며 연습을 시도하지만, 나의 경우에는 크게 효과가 없었다. 오히려 연습을 하면 할수록 마음은 교묘하게 그 약한 부분을 파고들어 좋지 않았던 기억만 강화되는 느낌이었다.

나쁜 기억을 자꾸 끄집어내며 불필요한 감정 소모를 할 필요는 없다. 현재의 나, 실수도 하고 잘못된 결정을 내릴 수도 있는 나 자신을 그대로 받아들이는 것이 중요하다. 완벽하지 않은 나도 괜찮다는 사실을 인정하고, 그 실수를 밑거름 삼아 더 나아질 수 있다는 믿음을 가져 보자.

그래도 마음이 편하지 않다면, 조금 더 **적극적으로 그 기억을 '좋았던 기억'으로 포장**해 보자. 실수했던 그 순간조차 내 성장의 밑거름이었다고 생각하며 긍정적인 경험으로 받아들이는 것이다. '그 실수 덕분에 더 성장할 수 있었다.'는 식으로 스스로를 위로하고, 좋은 추억으로 바꾸어 버리자.

데일 카네기의 『자기관리론(How to Stop Worrying and Start Living)』은 걱정을 줄이고 더 나은 삶을 살기 위한 다양한 아이디어를 제시하는 책이다. 시간이 된다면 꼭 읽어 보길 추천한다. 나에게 특히 효과적이었던 방법은 '최악의 상황을 미리 고려하는 것'이다. 이미 일어난 실수 때문에 발생할 수 있는 최악의 결과가 무엇인지 떠올려 보고, 그것을 마음속으로 받아들이는 것이다. 이렇게 **최악의 상황을 미리 받아들이고 나면, 걱정이 줄어드는 것을 경험하게 된다.**

혹시 지금 중요한 발표를 앞두고 있는가? 아니면 긴장되거나 불안한 감정이 자꾸 밀려오는가? 예전의 실수를 떠올리며 마음을 괴롭

히기보다는, 의식적으로 잊으려고 노력하고 좋은 추억으로 포장해 보길 바란다. 최악의 시나리오를 마주하고 준비가 된다면 그 상황도 두렵지 않을 것이다. 실수는 더 나은 내일을 위한 과정이며, 그 과정을 통해 더 강해진 자신을 발견하게 될 것이다.

> ✅ **실천 방안**
>
> 1. **의도적으로 잊어버리기.** 떠오르려는 부정적인 기억을 의도적으로 무시하고, 긍정적인 기억을 떠올리거나 기분 좋은 일에 집중하자.
> 2. **나쁜 기억을 아름답게 포장하기.** 안 좋았던 기억을 의도적으로 좋았던 기억으로 포장하고, 떠올려도 긴장감이 들지 않도록 해 보자.
> 3. **최악의 시나리오 마주하기.** 최악의 시나리오를 가정하고 그 상황을 받아들이면, 오히려 불확실한 두려움을 극복할 수 있을 것이다.

# 08
# 나만의 루틴을 만들어라

#루틴 #사명서 #마음 관리

여러분은 매일 아침 어떤 루틴을 따르고 있는가? **규칙적인 루틴을 따르면 복잡한 일상 속에서 균형을 찾을 수 있어 삶이 더 심플하고 안정된다.** 마치 나를 다시 시작점으로 되돌려주는 정신적·신체적 '0점 조정' 같은 역할을 한다. 이 작은 습관들이야말로 바쁜 삶 속에서 나를 지탱해 주는 중요한 나침반이 될 수 있다.

나는 매일 아침 눈을 뜨면 먼저 마음속으로 주기도문을 외운다. 그 후에는 사명서를 떠올리며 하루를 시작한다. 사명서는 각자의 삶의 철학과 방향을 담은 일종의 다짐이다. **매일 아침 사명서를 다시 되새기기만 해도, 삶의 방향이 더욱 명확해지고 자신이 무엇을 위해 살아가는지를 상기할 수 있다.** 가글을 한 뒤에는 미지근한 물 한 잔과 유산균을 먹으며, 간단한 스트레칭으로 몸을 풀고 나서 QT로 하루의 일과를 시작한다.

박진영 씨 역시 20년 넘게 철저하고 체계적인 모닝 루틴을 실천해 왔다고 한다. 50세가 넘은 나이에도 여전히 무대에서 건강하게 춤을 추며 노래를 부를 수 있는 비결이 바로 이 꾸준한 루틴 덕분일 것이다. 테니스 선수 라파엘 나달 역시 특유의 서브 루틴으로 유명하다. 그 루틴 덕분에 언제나 일관되고 안정된 서브를 구사할 수 있다. 많은 골프 선수들이 티샷 전 루틴을 철저히 지키는 것도 같은 이유에서다.

하지만 중요한 것은, **자신만의 철학과 상황에 맞는 루틴을 만드는 것**이다. 다른 사람의 루틴을 무리하게 따라할 필요는 없다. 각자의 삶의 상황과 철학에 맞게 자신에게 적합한 루틴을 만들어 보자. 이 루틴을 통해 하루를 더욱 생산적이고 만족스럽게 보낼 수 있다. 습관이 잘 들지 않던 일을 루틴에 포함시키고 매일 조금씩 실행해 나가면, 어느새 그 일들이 자연스럽게 생활의 일부가 되어 있을 것이다.

나만의 루틴을 정립해 나가는 과정은 작은 성취를 쌓아 가는 기쁨을 준다. 또한 모닝 루틴은 하루를 에너지 넘치고 안정적으로 시작하도록 해 주는 좋은 습관이 될 수 있다. 무엇이든 너무 급하게 시작하지 말고, 작은 부분부터 천천히 루틴으로 만들어 나가자. **그렇게 작은 루틴들이 쌓여 삶을 더 풍성하고 의미 있게 만들어 줄 것이다.**

### 나의 사명서

나는 오늘도 여느 때와 같이
하나님께 감사하고 기도하며 온전히 맡기는 삶을 살 것이며

내면을 강화하여 긍정적인 생각과 평정심과 자존감을 가지며
건강한 몸을 유지하기 위해 노력할 것이며
전문적인 지식을 익히고 지혜를 갖출 것이며
어떤 상황에서도 용기와 자신감을 가질 것이며
삶의 비전을 다시 한번 확인하고 고민할 것이며
그 비전을 실천함에 있어 적극적이고 열정을 가질 것이며
반성과 개선을 꾸준히 할 것이며,
예수님을 닮아 가는 삶 속에서
정직/성실/겸손/열정/진정성/이웃사랑을 최고의 가치로 두며
아무리 힘들어도 유머를 잃지 않도록 노력할 것이며
내가 사랑하는 사람들과 더불어 행복하게 살 것을 다짐한다.

 **실천 방안**

1. **작고 실천 가능한 루틴 만들기.** 아침에 미지근한 물 한 잔을 마시거나 가벼운 스트레칭처럼 부담 없이 할 수 있는 작은 일부터 시작하자.

2. **나만의 사명서 작성하기.** 매일 아침 내가 추구하는 삶의 방향을 명확히 하고, 하루를 다짐할 수 있는 나만의 사명서를 만들어 보자.

3. **루틴에 좋은 습관 포함하기.** 꾸준히 실천하고 싶은 일을 루틴에 포함하면서, 매일 조금씩 실천하며 좋은 습관으로 만들어 가자.

## 09
# 당신 곁의 가장 든든한 힘, 가족

**#가족 #안정감 #마음 관리**

살다 보면 누구나 예상치 못한 어려움과 직면하게 된다. 직장에서도 마찬가지다. 업무적인 스트레스, 인간관계의 갈등, 승진이나 평가에 대한 불만 등 다양한 문제들이 우리를 압박하고, 때로는 퇴사를 고민하게 된다. 그런데 이렇게 고민하는 순간에 곁에서 가장 먼저 당신을 지지해 줄 사람은 누구인가? 가족이라고 답한다면 여러분은 성공적이고 행복한 가정생활을 하고 있다고 이야기해 주고 싶다.

잘 다니던 S전자를 그만두고 다른 회사로 이직한다고 했을 때, 그리고 그 이직한 회사를 어느 시점에 그만두고 사업을 시작한다고 결심했을 때, 나는 가족들에게 이 모든 상황을 숨기지 않고 사실대로 이야기했다. 그들은 언제나 나를 지지해 주었고, 내 결정을 응원했다. 나 역시 그 과정에서 자신감을 얻었다. 아주 큰 힘이 됐다. **가족이**

주는 지지는 단순한 위로 이상의 것이다. 그것은 내 삶의 기반을 잡아 주는 가장 중요한 힘이 된다.

내가 괜찮은 남편이자 아빠이자 자식이라고 말하고 싶은 게 아니다. 가정에서 이런 안정적인 관계를 유지하는 게 회사에서 업무를 할 때 얼마나 도움이 되는지 이야기해 주고 싶다.

사실 집안에 갑자기 아픈 사람이 있거나, 극복하기 힘든 경제적인 어려움이 생기면 일에 집중하기가 어렵다. 또 아내와 다투거나, 아이가 말썽을 피운 상황이 생겨도 마찬가지이다. 이처럼 **가정에서의 안정감이 회사에서의 안정감과 연결되기 때문에 평소에도 가정에서 마음을 열고 이런 환경을 만들기 위해 노력해야 한다.**

우선 집에서는 내 있는 그대로의 모습을 보여 줘야 한다. 자신의 감정을 숨기고 괜찮은 척, 행복한 척해서는 안 된다. 그렇다고 힘들다는 투정과 짜증을 내라는 게 아니다. 가족을 사랑하는 마음을 우선적으로 중심에 두고, 그 힘듦과 짜증에 대한 이유와 나의 감정, 일터에서 있었던 힘들었던 일들을 함께 나누라는 것이다. 나는 성숙한 남편이고 아빠니까 당연히 견뎌야 한다는 식의 사회적 고정 관념을 내려놓자.

슬픈 영화를 보면 눈물을 흘리고, 작은 일에 감사하고 기뻐하며 자신의 감정을 있는 그대로 표현하는 연습을 하자. 그리고 아내와 아이들의 있는 그대로의 모습을 인정하고 사랑해 주자. 한 사람의 인격체로 존중하고 아껴 주자. **이런 사랑과 존중의 마음은 자연스럽게 상대방에게 전달되고 선순환을 낳는다.**

직장에서 있었던 고민과 스트레스도 아내와 함께 나눠라. 솔직하게 이런 일들이 있었다고 이야기하자. 물론 좋았던 일 칭찬받았던 일들도 이야기하자. 그렇게 이야기하는 게 자연스러운 일상이 되어야 한다.

이런 평범한 이야기 나눔이 일상이 되면, 내가 요즘 어떤 어려움을 겪고 있는지 자연스럽게 알게 되고, 나도 모르게 예민하게 반응했을 때, 그 배경과 상황을 이해해 주는 관계가 된다. 가족과의 관계도 어느 한 순간에 '짠!' 하고 좋아지지 않는다. 천천히 조금씩 내 마음을 털어놓고 집에 오면 편안한 곳, 하지 못했던 안타깝고 답답했던 이야기를 할 수 있는 곳으로 만들어 보자.

 **실천 방안**

1. **직장에서 있었던 일 솔직히 나누기.** 직장에서의 어려움이나 기쁨을 가족과 솔직하게 나눠라. 서로의 일상을 공유하는 것이 가족의 지지를 받는 첫 걸음이다.

2. **감정을 억누르지 말고 표현하기.** 집에서는 감정을 숨기지 말고 있는 그대로 나의 기쁨, 슬픔, 어려움을 진솔하게 가족에게 전달하자.

3. **가족의 감정 이해하기.** 가족 구성원의 감정도 존중하고 이해하자. 그들의 이야기를 경청하며 서로 상황에 공감하자.

# 10
# 결국은 진심과 진정성이다

**#진심 #진정성 #마음 관리**

나이가 들고 직급이 올라가면서 사람들의 말과 표정, 그리고 그 속에 담긴 마음을 더 깊이 읽게 된다. 상대방이 어떤 마음 상태로 이야기하는지, 마음과 다르게 말하는 것은 아닌지 느껴지는 순간들이 많다. 그래서 진심이 담긴 말과 행동은 더 따뜻하게 다가온다. 그 사람과 더 가까워지고 싶어진다. 반면, 뭔가를 숨기거나 억지로 하는 말은 자연스레 경계하게 된다.

이런 경험을 하다 보니, 나 자신도 내가 생각하는 것과 다른 이야기를 상대방에게 하고 싶지 않았다. 그리고 솔직하게 말할 수 없는 상황이 오면 마음이 많이 불편했다. 사실 회사에서 리더로 성장하다 보면 때로는 상급자의 입장에서 전달하기 싫어도 해야 하는 이야기들이 생기기 마련이다.

가장 힘든 부분 중 하나는 승진과 고과 면담에 대한 부분이었다. 정말 열심히 일한 부서원이 있어도, 회사에서 정한 승진/상위 고과 인원이 제한적이면 더 챙겨 주지 못하는 상황이 발생한다. 이런 경우에 상사와 부하 직원 사이에는 상처와 불신이 생길 수 있다. 나도 처음 부서장이 되었을 때, 평가 면담을 하는 일이 많이 힘들었다. 매뉴얼대로 본인 업무와 역량에 대해 사실에 기반한 명확한 피드백을 주면, 자존감에 상처를 받고 불만을 갖거나, 일에 집중하지 못하는 모습을 보게 되었다.

하지만 시간이 지나면서 이런 상황에 관해 어느 정도 지혜가 생기게 되었다. 우선 평소에 자주 피드백을 주며, 부서원이 성과를 내기 위해 어떤 부분에 집중해야 하는지 알려 주었다. 성과가 나오면 칭찬을 하고, 부족한 부분이 있으면 개선 방향을 함께 고민했다. 이렇게 **평소에 꾸준히 소통하며 마음을 나누자, 평가 결과에 갑작스럽게 충격을 받는 일이 줄어들었다.**

또한 후배들의 경력과 성장에 대한 고민을 함께 나누었다. 그들이 이루고 싶은 목표를 묻고, 그에 맞는 기회가 있을 때 지원해 주려 노력했다. 평가 시즌이 오면, **회사의 입장도 투명하게 전달하며 현실을 이해할 수 있도록 도왔다.** 제한된 승진 인원, 평가 기조와 변화 환경을 설명하면서, 그들의 노력을 인정하고 다음 기회에 더 잘 준비할 수 있게 도와주었다.

상대방의 입장에서 그 마음을 알아주고 진정성 있게 다가가는 것은 억지로 한다고 되는 것은 아니다. 평소에 한 사람 한 사람의 입장을 고려하고 관심을 가지고 역량과 성장을 함께 고민해 줄 때 가능하다. **항상 진심으로 진정성 있게 대하면 그 마음이 전달되기 마련이다.** 그리고 그 마음은 좋은 관계와 상대방의 열린 마음으로 보상받는다는 사실을 잊지 않기 바란다.

> ### ✓ 실천 방안
>
> 1. **평소에 자주 피드백 주기.** 구성원들의 성과나 개선점을 정기적으로 전달해 미리 방향성을 잡을 수 있도록 돕자.
>
> 2. **상대방의 입장을 고려한 면담.** 부서원의 입장에서 먼저 이해해 주고 노고를 인정하며, 따뜻하게 격려하고 응원하는 다음을 표현하자.
>
> 3. **진심으로 대하는 태도 유지하기.** 평소에 진심과 진정성을 가지고 상대방을 이해하고, 그들의 목표와 성장을 지원하는 태도를 보이자.

# 11
# 나는 지금 행복한가?

#행복 #삶의 목표 #마음 관리

초고속 성장기를 거치며 30대에 대기업 임원이 된 후, 15년 넘게 고위 임원으로 역임해 오다 퇴임한 한 상사분이 있었다. 퇴임 후에도 인연이 이어져 여러 조언을 들을 수 있었는데, 퇴임 후 그의 삶은 의외로 소박하고 평범했다. 과거 그의 한마디에 모두가 신중하게 반응하고 긴장하던 시절이 있었지만, 퇴직 후에는 그런 권위와 외형이 점차 사라지는 모습을 보며 많은 생각을 하게 되었다.

어느 날 함께 저녁을 먹던 중 그는 행복에 대해 이야기를 꺼냈다. 사람의 수명에는 3가지가 있다고 했다. 첫 번째는 기대 수명으로, 한국인의 평균 수명은 남성 약 80세, 여성은 그보다 높다. 두 번째는 건강 수명으로, 오래 살더라도 병상에 누워 지내는 것이 아니라, 건강하게 살아야 그 삶이 의미가 있다는 것이었다. 마지막으로 그가 언급한 것은 '행복 수명'이었다. **아무리 건강하게 오래 살아도, 행복하지 않으면 그 삶은 진정한 의미를 가지기 어렵다**는 말이었다.

그렇게 이야기를 나눈 후, 그분은 한 가지 더 질문을 던졌다. "여러분은 언제 행복을 느끼나요?" 당시 나는 그 질문에 명쾌한 답을 하기가 어려웠다. 그저 작은 일에 감사하고, 현실에 만족하는 것이 행복의 기본이 아닐까라는 생각을 나눴고, 함께했던 후배들도 저마다의 답변을 내놓았다. 한참 동안 이야기를 들은 후, 그는 하버드대학교에서 오랜 기간 진행한 연구 결과를 알려 주었다. **"행복은 관계에서 온다."**라는 결론이었다. 사람들과의 연결과 그 안에서 오는 소통이 행복의 핵심이라는 것이었다. 그리고 이어서 회사에 있을 때 주변 사람들에게 많이 베풀고, 밖에 있는 사람들과도 좋은 관계를 유지하라는 조언을 해 주었다.

집으로 돌아오는 길에 그의 이야기가 머릿속에서 떠나지 않았다. 바쁜 회사 생활에서도 어떻게 하면 더 행복하게 살 수 있을까 하는 고민이 깊어졌다. 우선 함께 일하는 사람들과 좋은 관계를 맺고, 인간적으로 다가가는 선배가 되어야겠다는 생각을 했다. 그리고 퇴사한 선배나 후배들에게도 먼저 연락하고 만날 수 있는 관계를 유지하자는 다짐도 하게 되었다.

**여러분은 지금 행복한 삶을 살고 있다고 생각하는가?** 가족, 친구, 선후배들과 편하게 마음을 나눌 수 있는 관계를 맺어 보자. 그렇게 소통하는 과정에서 여러분이 느끼는 삶 속의 행복은 지금보다 훨씬 더 커질 것이다.

### ✅ 실천 방안

1. **스스로 행복한지 질문하기.** 정기적으로 '나는 지금 행복한가?'라는 질문을 던져 보자. 현재의 마음 상태를 점검하는 좋은 습관이 된다.

2. **언제 행복을 느끼는지 적어 보기.** 자신이 언제, 어떤 순간에 행복을 느끼는지 적어 보자. 이를 통해 행복을 만드는 순간들을 더 자주 찾아가게 될 것이다.

3. **주변 사람들과 좋은 관계 맺기.** 가족·친구·동료들과 관계를 돈독히 하자. 관계에서 느끼는 행복으로 우리의 삶은 더 풍요로워진다.

## Part 5 요약
# 시간이 갈수록 마음 관리

1. **힘들고 지칠 때 This shall pass away**
어려움은 영원하지 않다. '이 또한 지나가리라'는 마음가짐을 가져라.

2. **스스로 외로운 리더가 되지 마라**
고립되지 말고, 동료들과 소통하며 마음을 나눠라.

3. **소통의 시작, 일대일 티타임**
가벼운 대화를 통해 소통하고 관계의 긴밀함을 유지하라.

4. **자신감을 키우는 작은 도전들**
작은 성공을 쌓아 자신감과 자존감을 키워라.

5. **하루 30분, 나를 위한 시간**
하루 30분은 나 자신을 위해 사용해 재충전하라.

6. **마음챙김, 작은 쉼의 힘**
명상과 호흡을 통해 내면의 평안을 유지하라.

7. **실수는 빨리 잊고, 아름답게 포장해라**
실수는 누구나 한다. 철저히 잊고, 좋은 기억으로 포장하라.

8. **나만의 루틴을 만들어라**
일관된 습관은 안정감을 주고 나를 성장시킨다.

9. **당신 곁의 가장 든든한 힘, 가족**
가족은 나를 지지해 주는 든든한 버팀목이다.

10. **결국은 진심과 진정성이다**
말과 행동에서 진심을 다해 사람을 대하면 그 마음은 전해진다.

11. **나는 지금 행복한가?**
자신에게 행복을 묻고, 주변 사람들과 관계를 돌아봐라.

# 작가 인터뷰

**이 책을 출간하게 된 계기는 무엇인가요?**

거창한 목표를 가지고 책을 쓰기 시작한 건 아니었어요. 직장 생활을 하며 수많은 선후배와 함께 일했고, 리더로서 조직을 잘 이끌려고 고민을 참 많이 했었는데요. 어느 순간부터 그 경험들이 저에게 하나의 자산으로 느껴졌어요. 누군가와의 대화 속에서, 또는 후배에게 조언을 해주는 순간마다 '이런 이야기를 좀 더 많은 사람들과 나눌 수 있다면 좋겠다'라는 생각이 자연스럽게 자리 잡았고요. 그 바람이 쌓이고 구체화되면서, 출간을 해봐야겠다는 결심을 하게 됐죠. 무언가를 기록하고 정리한다는 것은 자신을 돌아보는 일이기도 해서, 이번 책은 저에게도 성장의 과정이자 하나의 전환점이 된 것 같아요.

**직장인들을 위한 성장 노하우를 56가지 공식으로 제시해 주셨는데, 어떤 기준으로 책을 구성하셨나요?**

틈틈이 기록해 두었던 회사 생활 팁을 정리하다 보니 자연스럽게 56가지 노하우가 나왔어요. 이를 단순히 나열하기보다는 실질적인 맥락과 흐름에 따라 전달하고 싶었어요. 관련 있는 주제끼리 분류를 해보니까, '업무 태도, 업무 역량, 팔로워십, 리더십, 마음 관리'라는 다섯 가지 핵심 카테고리로 구조화되더라고요. 거기에 더해 주제마다 직장인이 실천할 수 있는 구체적인 조언과 사례를 담았어요. 실제 조직 안에서 부딪히며 얻은 현실적인 통찰이기 때문에, 독자분들의 일상에서도 자연스럽게 적용할 수 있을 거예요.

**56가지의 성공 시크릿 중에서 가장 강조하고 싶은 세 가지를 꼽아주신다면요?**

"지시한 내용에 항상 +α를 해라"

지시받은 업무를 정확히 수행하는 것은 기본 중의 기본이에요. 하지만 프로 직장인은 그 너머를 봐요. 상사의 의도와 상황의 맥락을 읽고, 거기에 작지만 의미 있는 '한 발짝 더'를 보태는 습관이 쌓이면 결국 신뢰받는 인재로 성장하게 돼요. 단순히 열심히 일하는 것과 '맡기면 안심되는 사람'의 차이는 바로 이 +α의 감각에서 갈리고요.

"먼저 한 분야에서 정상에 서라"

자신만의 전문성과 무기가 없으면 조직 안에서 돋보이기 어려워요. 처음엔 아무리 작고 좁아 보일지라도 맡은 분야에서 압도적인 성과와 신뢰를 쌓아야 해요. 누군가 그 분야를 떠올릴 때 자연스럽게 여러분의 이름이 연상된다면, 그 자체가 더 큰 기회를 여는 열쇠가 될 거예요.

"스스로 외로운 리더가 되지 마라"

리더십은 혼자서 모든 걸 감당하는 능력이 아니라, 함께할 사람을 만드는 힘이에요. 힘들 때 도움을 요청하고, 고민을 나눌 수 있는 사람을 곁에 두는 것이 건강한 마음 관리의 출발점이에요. 혼자 견디며 버티는 리더보다, 신뢰 안에서 관계를 맺고 함께 성장하는 리더가 더 오래, 더 멀리 가요. 마음을 닫지 마세요. 함께하는 리더가 결국 더 강한 사람이니까요.

**삼성전자 SW 엔지니어 및 스탠퍼드 박사, 전략기획 업무, 바이오 기업 연구소장까지, 끊임없는 도전을 통해 얻은 인사이트가 궁금합니다.**

되돌아보면, 저는 늘 새로운 환경에 스스로를 던져 넣는 선택을 해왔어요. 삼성전자에서의 SW 엔지니어 생활은 문제해결 능력을 키우는 기반이 되었고, 스탠퍼드에서의 박사 과정은 글로벌 시야와 더불어 한 가지 문제를 깊이 파고드는 집요함과 사고의 깊이를 갖게 해주었고요. 이후 전략기획/조사 업무를 통해 '문제를 보는 눈'이 더욱 정교해졌고, 바이오 기업에서의 R&D 리더 경험은 사람을 움직이고 주변 조직과 협업하는 역량이 얼마나 중요한지를 절실히 체감하는 계기가 되었죠.

그 모든 여정을 통해 얻은 가장 큰 인사이트는 "결국 성장은, 자기 자신이 익숙한 컴포트 존(Comfort Zone)을 깨고 나올 때 시작된다"라는 점이에요. 처음부터 모든 걸 잘 알 수는 없어요. 다만 '모르는 것'을 두려워하지 않고, 그 분야의 언어를 배우고, 사람을 만나고, 의미 있는 질문을 던지다 보면 어느 순간 그 영역에서 나만의 연결고리가 생기죠. 저는 지금도 새로운 곳에서 도전 중이에요. 도전은 늘 불안하고 어렵지만, 그 안에서 가장 많이 배우고 성장해 왔기에 이번 도전도 기대가 돼요.


**해외 경험도 하셨는데요. 더 넓은 세계를 경험하고 싶은 후배들에게 해주고 싶은 조언이 있으신가요?**

스탠퍼드에서의 박사과정은 제게 단순한 학문적 성장뿐 아니라,

실리콘밸리 특유의 개방적인 문화와 기업가 정신을 체득할 수 있었던 소중한 기회였어요. 늘 새로운 기회를 찾고 '어떻게 하면 가능할까'를 고민하는 그들의 태도는, 제가 일하는 방식과 태도에 큰 영향을 주었어요. 또한 유럽, 일본, 인도, 미국의 다양한 대학과 기업, 연구소들과 협업하면서 국가마다 커뮤니케이션 방식, 회의 문화, 일 처리 방식이 얼마나 다른지를 피부로 느낄 수 있었고, 이를 조율하는 과정에서 글로벌 역량도 함께 높아졌어요.

영어 실력만큼이나 중요한 건 '열린 마음'이라는 점을 후배들에게 꼭 전해주고 싶어요. 다른 문화를 판단하거나 비교하기보다는, 그 안에서 배울 수 있는 점을 발견하고 존중하는 태도가 결국 더 큰 성장을 이끌어내거든요. 지금 이 순간부터라도 새로운 환경에 자신을 던져보는 용기를 가져보세요. 낯설고 불편한 그 순간들이 결국 여러분을 더 넓은 시야와 깊은 통찰력을 지닌 사람으로 만들어 줄 거예요.

**성공의 이면에는 실패가 있기 마련인데요. 작가님은 실패나 실수를 어떻게 극복해 오셨나요?**

실패와 실수는 누구에게나 일어날 수 있는 일이잖아요. 그 사실을 솔직히 인정하고 받아들이는 것이 출발점이에요. 저는 실패를 '끝'이나 '좌절'로 보기보다는, 성공으로 가는 배움의 과정이라고 여겼어요. "실수는 빨리 잊고, 아름답게 포장하라" 챕터에서 언급했듯이, 실패에 너무 오래 머무르기보다는 거기서 배운 것을 교훈 삼아 다음 단계로 나아가는 것이 중요한데요. 마음의 회복력, 즉 '마음 관리'가 실패를 극복하는 핵심이더라고요. 결국 중요한 건, 실패를 두려워하지 않고 도전하는 태도, 그리고 그 안에서 의미를 찾아내려는 노력이라고 생각해요.

**직장 생활을 하면서 가장 영향을 많이 받은 선배나 후배와의 일화가 있으신가요?**

가장 영향을 많이 받은 선배는 아이러니하게도 저를 가장 힘들게 했던 상사였어요. 업무적으로는 누구보다 뛰어난 분이었기에 배울 점이 많았지만, 그만큼 기대치도 높고 완벽주의적인 성향이 강했어요. 후배 입장에서 함께 일하기는 쉽지 않았죠. 그래도 도망치지 않고 배우기로 마음먹고 묵묵히 견뎌냈더니, 어느새 제가 훌쩍 성장해 있더라고요. 당시에는 힘들었지만, 지금 돌이켜 보면 가장 값진 배움의 시간이었죠.

잊지 못할 후배는 책의 "열 번 찍어 안 넘어가면, 넘어갈 때까지" 챕터에서 소개했었는데요. 어떤 일이든 긍정의 자세로 묵묵히 해내며, 주변에 늘 선한 영향력을 퍼뜨리던 친구였어요. 지금도 일이 벅차고 마음이 힘들 때면 그 후배를 떠올리며 자신을 다잡곤 해요.

**이전 직장의 여러 선후배분들이 추천사를 써주셨어요. 퇴사 후에도 좋은 관계를 유지하는 작가님만의 비법이 궁금합니다.**

퇴사 후에도 좋은 관계를 유지할 수 있었던 가장 큰 이유는 진심과 진정성을 바탕으로 한 관계를 쌓아왔기 때문이라고 생각해요. 직장이 단지 일만 하는 곳이 아니라, 인생의 많은 시간을 함께 보내는 사람들과의 관계의 장이기도 하잖아요. 저는 늘 상대방을 진정성 있게 대하려고 노력했어요.

또한, 제가 먼저 도움을 주려는 마음을 가졌던 것도 관계의 지속에 중요한 역할을 했어요. 작은 정보 공유든, 고민을 들어주는 일이든, 상대방에게 도움이 되는 순간을 놓치지 않으려 노력했죠. 이기적인 계산에 의해서가 아닌, '함께 가려는 태도'가 결국 관계를 오래가게 만든 게 아닐까요. 그리고 무엇보다도, 저는 리더로서 혼자 모든 것을 감당하기보다는 함께 걸을 수 있는 사람들과 협력하고 나누는 길을 택했기 때문에, 지금까지도 후배들과 따뜻한 인연이 이어지고 있는 것 같아요.

**많은 직장인의 고민 중 하나가 '이직'인데요. 조직을 옮길 때 작가님이 중요하게 생각한 기준은 무엇이었나요?**

이직을 고민할 때 저는 크게 두 가지 기준을 가장 중요하게 봤어요. 첫째는, "이 새로운 기회가 내 삶의 궁극적인 목표와 커리어 방향에 부합하는가?"예요. 직급이나 연봉보다 더 중요한 것은, 내가 궁극적으로 어떤 삶을 살고 싶은지, 어떤 역할을 하며 살아가고 싶은지를 스스로 명확히 아는 거예요. 임원이 되고 싶은지, 안정적인 커리어를 원하는지, 혹은 더 큰 도전을 꿈꾸는지에 따라 선택의 기준도 달라져야 하거든요.

둘째는, "내가 지금 컴포트 존(Comfort Zone)에 머물러 있는가?"예요. 많은 직장인이 현재의 연봉, 회사 브랜드, 안정성에 안주하면서도 속으로는 성장이 멈춰 있음을 느끼곤 해요. 저는 그럴 때, 스스로에게 '나는 지금 정체되어 있는가?'라는 질문을 던졌어요. 정체되어 있다는 생각이 들면 과감하게 컴포트 존을 벗어나려고 했죠. 물론 첫발을 떼는 것이 어려웠지만, 막상 부딪혀 보면 항상 더 큰 기회와 성장이 기다리고 있었어요.

이 두 가지 기준에서 변화가 필요하다고 느껴지면, 저는 너무 오랫동안 고민하지 않고 과감하게 결정을 내리는 편이에요. 변화는 항상 두렵지만, 성장은 늘 그 변화 속에 있었거든요.

**직장 생활뿐 아니라 가족과의 시간에 대해서도 강조하셨어요. 작가님은 평소 가족들과 시간을 보내기 위해 어떤 노력을 하시나요?**

가족과의 관계는 제 삶의 가장 중요한 중심축이에요. 특히 아내와의 관계에서는 솔직한 소통을 가장 중요하게 생각해요. 그래서 직장에서 있었던 일이나 제가 느낀 감정들을 숨기지 않고 있는 그대로 이야기하려고 노력해요. 감정을 나누는 대화는 서로에 대한 이해와 신뢰를 깊게 해 주니까요.

주말에는 아내와 함께 교회에 가고, 브런치를 함께 먹고, 저녁에는 한강을 산책하며 일상의 소소한 행복을 나누는 것이 저희만의 루틴이 되었어요. 이런 작고 일상적인 시간이 쌓여 안정감 있는 부부 관계를 만들고, 자연스럽게 아이들에게도 긍정적인 영향을 미치더라고요. 결국, 저는 행복한 가정이 곧 건강한 직장 생활의 에너지가 된다고 믿어요. 신앙 안에서 서로를 존중하고 사랑하는 가족의 모습이, 제가 삶을 살아가는 가장 큰 원동력이에요.

**다음에 계획 중인 작품이나 도전하고 싶은 꿈이 있으신가요?**

다음 작품으로는 이 책을 읽고 실천해 본 독자들의 생생한 경험과 변화를 함께 엮어, '함께 만들어가는 성장 사례집'을 출간하고 싶어요. 그 과정에서 저 역시 예상치 못했던 새로운 가르침을 얻고, 독자들과 함께 더 넓고 깊은 선한 영향력을 나눌 수 있을 거라 기대하고 있어요.

개인적으로는, '선한 영향력'을 핵심 가치로 삼는 지속 가능한 회사를 만드는 것이 제 오랜 꿈이에요. 사회에 도움이 되는 일을 하면서, 함께 일하는 임직원들이 성장하고 즐겁게 일할 수 있는 조직을 꾸리고 싶어요. 동시에 안정적인 수익도 함께 실현해 나갈 수 있는 그런 회사를 만들고 싶어요. 단지 수익을 내는 기업이 아니라, 사람을 세우고 사회에 기여하며 오래도록 신뢰받는 기업, 그것이 제가 궁극적으로 도전하고 싶은 길이에요.

**마지막으로 프로 직장인을 꿈꾸는 독자들에게 한 말씀해 주세요.**

'프로'라는 타이틀은 단순히 주어진 일을 잘 해낸다고 붙여지는 것이 아니에요. 그 이름에 걸맞는 깊이와 넓이를 갖추기 위해선 수많은 시행착오와 축적의 시간, 그리고 진지한 자기 성찰이 필요하거든요. 이 책은 여러분보다 조금 먼저 그 길을 걸어본 선배 직장인으로서, 실제 현장에서 부딪히며 깨달은 성장의 노하우를 솔직하게 담은 기록이에요. 특히 이제 막 직장 생활을 시작하는 분들에게는 '처음의 마음가짐'이 무엇보다 중요해요. 이 책이 독자 여러분의 시행착오를 조금이라도 줄여주고, 더 나은 방향을 잡는 데 도움이 되기를 바라요. 여러분이 프로로 성장해 나가는 여정을 진심으로 응원합니다.

작가 홈페이지

## 프로 직장인의 성장 시크릿
삼성전자/스탠퍼드 출신이 전하는 성장공식 56

**초판 1쇄** 2025년 7월 15일
**초판 2쇄** 2025년 8월 1일

**지은이** 나용균
**펴낸이** 마형민
**기획** 페스트북 편집부
**편집** 곽하늘 강채영 김예은
**디자인** 김안석 표진아
**펴낸곳** 주식회사 페스트북
**홈페이지** festbook.co.kr
**편집부** 경기도 안양시 동안구 관악대로 488

ⓒ 나용균 2025

ISBN 979-11-6929-841-4 03190
값 15,000원

* 이 책은 저작권법에 의해 보호를 받는 저작물이므로 무단 전재와 무단 복제를 금합니다.
* 페스트북은 작가중심주의를 고수합니다. 누구나 인생의 새로운 챕터를 쓰도록 돕습니다.
  creative@festbook.co.kr로 자신만의 목소리를 보내주세요.